살리는 목회,
살아나는 교회

살리는 목회, 살아나는 교회

지은이 | 김문훈
초판 발행 | 2022. 5. 11
등록번호 | 제 1988-000080 호
등록된 곳 | 서울특별시 용산구 서빙고로 65길 38
발행처 | 사단법인 두란노서원
영업부 | 2078-3352　FAX | 080-749-3705
출판부 | 2078-3331

책값은 뒤표지에 있습니다.
ISBN 978-89-531-4210-7 03230

독자의 의견을 기다립니다.
tpress@duranno.com www.duranno.com

두란노서원은 바울 사도가 3차 전도여행 때 에베소에서 성령 받은 제자들을 따로 세워 하나님의 말씀으로 양육하던 장소입니다. 사도행전 19장 8-20절의 정신에 따라 첫째 목회자를 돕는 사역과 평신도를 훈련시키는 사역, 둘째 세계선교(TIM)와 문서선교(단행본·잡지) 사역, 셋째 예수문화 및 경배와 찬양 사역, 그리고 가정·상담 사역 등을 감당하고 있습니다. 1980년 12월 22일에 창립된 두란노서원은 주님 오실 때까지 이 사역들을 계속할 것입니다.

살리는 목회,
살아나는 교회

김문훈 지음

두란노

목차

3부

회복을 경험한 믿음의 선배들

관계가 회복될 때 믿음은 살아난다

어릴 때부터 교회를 다니고 믿음이 자라면서 얻은 최대의 유익은 제가 먼저 치유와 회복이 되었다는 것입니다. 나름 상처투성이였던 제가 교회 안에서 서서히 고침 받는 과정이 신기하고 행복했습니다. 그러다 보니 목회자가 되어 강단에서 설교를 할 때도 치유와 회복에 초점을 맞추게 되었습니다. '상처 입은 치유자'처럼 저 자신을 고치고, 가정과 교회를 싸매는 쪽으로 관심을 기울이게 된 것입니다.

우리는 죽은 영성을 되살리고, 잠자는 야성을 깨우고, 소홀해진 정성을 쏟아서 믿음, 소망, 사랑을 회복해야 합니다. 그래서 이 책에서는 '살리는 목회, 살아나는 교회'를 강조하고자 했습니다. 코로나19로 비대면으로 모이는 영상 예배가 중요한 요소가 되었지만, 주님과 독대, 직고, 대면하는 성전 예배는 반드시 회복해야 할 최우선 과제입니다. 예배가 회복될 때 교회가 회복될 수 있기 때문입니다.

감사한 것은, 어느 정도 일상이 회복되면서 대면 예배도 그만큼 가능하게 되었다는 것입니다. 이제는 우리의 관심을 코로나로 인해 멀어졌던 주님과의 관계를 회복하는 쪽으로 기울여야 할 때입니다. 그러기 위해서는 먼저 교회 안에 '말기찬섬', 즉 말씀, 기도, 찬송, 섬김의 정신이 회복되어야 합니다. 하나님의 말씀이 교회 가운데 선포되고, 그 말씀을 공동체가 함께 누리고 나누어야 합니다. 또한 기도의 자리를 확보하고, 기도의 대상을 확대하며, 기도의 응답을 확신함으로 기도가 기적이 되는 은혜를 맛보아야 합니다.

하나님은 이스라엘을 당신을 찬송하도록 세우셨습니다. 우리 역시 주님을 송축하며 찬송의 권능을 누려야 합니다. 또한 공동체를 살리기 위한 섬김의 자리를 찾아야 합니다. 주는 자가 복이 있고, 섬기는 자가 큰 자가 되는 은혜를 누려야 합니다. 그럴 때 우리는 축복의 통로로 쓰임 받게 될 것입니다.

코로나19로 인해 무너졌던 일상의 회복도 중요하지만, 그보다 더 중요한 것은 하나님과의 관계를 회복하는 일입니다. 주님과 '통친합락'(通親合樂)하여 약점을 부끄러워하지 않는, 은혜 안에서 강한 사람이 되길 바랍니다. 또한 근심거리가 간증 거리가 된 성경 속 인물들처럼, 우리에게 주어진 인생길을 멋지고 아름답게 완주하는 은혜가 있길 바랍니다. 이 책이 삶을 회복하고, 영혼을 소생케 하며, 교회를 살아나게 하는 회복의 밑거름이 되기를 소망합니다.

2022년 5월

생기와 소망이 넘치는 포도원교회

김문훈 목사

우리는 원형으로 돌아가야 합니다.

첫사랑을 회복해야 합니다.

교회의 영광을 회복해야 합니다.

성령님을 훼방하거나 제한하지 말고

그분이 무시로 역사하실 수 있도록 기도하고 찬송하면서

그 신앙의 원형을 회복해야 합니다.

1부

예배와 교회의 회복

예배가 회복될 때
교회는 살아난다

만군의 여호와여
주의 장막이 어찌 그리 사랑스러운지요
내 영혼이 여호와의 궁정을 사모하여 쇠약함이여
내 마음과 육체가 살아 계시는 하나님께 부르짖나이다
나의 왕, 나의 하나님, 만군의 여호와여 주의 제단에서
참새도 제 집을 얻고 제비도 새끼 둘 보금자리를 얻었나이다
주의 집에 사는 자들은 복이 있나니
그들이 항상 주를 찬송하리이다 (셀라)
주께 힘을 얻고 그 마음에 시온의 대로가 있는 자는 복이 있나이다
그들이 눈물 골짜기로 지나갈 때에
그곳에 많은 샘이 있을 것이며 이른 비가 복을 채워 주나이다
그들은 힘을 얻고 더 얻어 나아가
시온에서 하나님 앞에 각기 나타나리이다
만군의 하나님 여호와여 내 기도를 들으소서
야곱의 하나님이여 귀를 기울이소서 (셀라)
우리 방패이신 하나님이여
주께서 기름 부으신 자의 얼굴을 살펴보옵소서
주의 궁정에서의 한 날이 다른 곳에서의 천 날보다 나은즉
악인의 장막에 사는 것보다
내 하나님의 성전 문지기로 있는 것이 좋사오니
여호와 하나님은 해요 방패이시라
여호와께서 은혜와 영화를 주시며 정직하게 행하는 자에게
좋은 것을 아끼지 아니하실 것임이니이다
만군의 여호와여 주께 의지하는 자는 복이 있나이다
(시 84:1-12).

1°

영적 성숙을 위한 '빠삐용 신앙'

익숙함 속에 성숙의 길이 있다

우리가 어떤 일을 반복해서 하면 그것이 습관이 되고, 그 정도가 심해지면 중독이 됩니다. 이것은 장소도 마찬가지입니다. 결국은 자주 찾아가는 장소가, 자주 하는 일이 그 사람을 만드는 것입니다. 물론 믿음도 다르지 않습니다. 믿음이 좋은 사람은 그가 자주 가는 기도의 자리, 예배의 자리, 찬양의 자리가 따로 있습니다. '빠삐용 신앙'이라는 말이 있는데, "예배에 빠지지 말고, 삐치지 말고, 모든 사람을 용서하라"는 뜻으로 믿음의 좋은 습관을 가져야 함을 강조하는 말입니다.

당신은 일상이 편안합니까, 불편합니까? 예수님은 부활 이후 제자들을 만날 때마다 이렇게 말씀하셨습니다.

너희에게 평강이 있을지어다(눅 24:36; 요 20:19, 21, 26).

예수님이 말씀하시는 '평안'은 전쟁이 없는 상태를 뜻하는 것이 아닙니다. 이것은 기쁨, 평강, 웰빙, 건강, 축복, 자유 등을 모두 아우르는 의미에서의 평안, 곧 샬롬(shalom)을 의미합니다. 선지자와 사도들이 외쳤던 자유, 진리, 사랑, 평화는 바로 사망 권세를 이기고 부활하신 예수님만이 주실 수 있는 참 평안을 가지라는 것입니다.

사탄은 우리에게 불안감과 두려움을 주는 존재입니다. 현대인들이 마음의 평강을 누리지 못하고 불면증에 시달리거나 분노조절장애에 빠지는 이유는, 그 삶이 사탄의 권세에 사로잡혀 있기 때문입니다. 우리는 야베스처럼 '근심이 없는 복'(대상 4:10)을 구해야 합니다. 그러한 복을 받을 수 있는 유일한 방법은, 진정한 평안을 주시는 예수 그리스도만을 바라보는 것입니다.

예배에 익숙한 삶을 살라

당신은 예배의 자리가 익숙합니까, 불편합니까? 그리스도인임에도 불구하고 예배의 자리를 어색해하거나 부담스러워하는 사람이 있습니다. 기도 시간에 시큰둥한 사람이 있습니다. 이런 사람은 영성이 메말랐다는 증거입니다. 이 경우에는 그가 자주 찾아가는 장소가 어디인지, 그가 자주 만나는 사람이 누구인지를 살펴봐야 합니다. 그럴 때 그 사람의 영성을 바로 알 수 있습니다. 그리고 자주 찾아가는 장소와 자주 만나는 사람, 그로 인해 굳어진 습관을 회개해야 합니다. 때가 악하기 때문입니다. 천국이 가까이 왔기 때문입니다.

세월을 아끼라 때가 악하니라(엡 5:16).

회개하라 천국이 가까이 왔느니라(마 4:17).

어느 날, 새벽 기도 시간에 부목사 아버님의 부고 소식을 들었습니다. 형은 인도에 출장 중인데 코로나 시국에 출입국이 예전 같지 않아 형을 기다리지 못한 채 장례를 마무리하게 되었다고 합니다. 우리 인생이 그렇습니다. 홀연히 떠나는 것입니다. 예고 없이, 준비 없이 떠나는 것이 인생이기에 우리는 살면서 무엇에 익숙해져야 하는지를 잘 생각해야 합니다. 천국 입구에 섰을 때는 불편함이 없어야 하지 않겠습니까? 그때는 부끄러움이 없어야 하지 않겠습니까? "나는 천국이 거북해서, 불편해서 못 들어가겠어요!" 하면 되겠습니까?

이 세상을 지옥같이 살아가는 사람은 죽음 이후에도 지옥이라는 영원한 형벌에 떨어지고 맙니다. 그렇기 때문에 우리는 아무것에나 적응해서는 안 됩니다. 심심하다고 게임이나 하고, 유튜브나 보고, 잠이 안 온다고 와인이나 마시면 반드시 중독되어 영혼이 피폐해지고, 그 결과 영성이 흐려지고 맙니다. 아브라함이 대단한 것은 정들고 익숙한 고향과 친척과 아버지의 집을 떠난 것입니다. 우리는 함부로 정들어서는 안 됩니다. 정 떼는 것은 어렵습니다. 우리는 정으로 살지 말고 뜻으로 살아야 합니다. 인정사정 따라가지 말고 하나님의 뜻을 살펴야 합니다. 진리를 따라 살아가야지, 일리가 있다고 따라가서는 안 됩니다.

요즘 방역 지침은 엄청 신경을 쓰면서도 예배 지침은 신경을 안 쓰는 사람이 많습니다. 아이와 어른의 다른 점이 무엇입니까? 어른은 하기 싫은 일도 묵묵히 할 수 있다는 것입니다. 우리는 유치찬란한 어린아이 같은 짓을 버리고 이제는 믿음에 장성한 어른이 되어야 합니다.

마셔도, 마셔도 물리지 않는 것이 물이라고 합니다. 그런데 건강을 잃으면 밥맛뿐 아니라 물맛도 뚝 떨어집니다. 물이 물린다거나 삼시 세끼 밥맛이 지겨워졌다면 큰 병에 걸린 것이 아닌지를 의심해 봐야 합니다. 신앙생활도 마찬가지입니다. 당신은 예배 시간이 즐겁습니까, 불편합니까? 예배의 가장 기본적인 것들이 지겹고 불편하다면, 우리는 이미 심각한 병에 걸려 있는 것입니다. 우리는 예배드리는 시간, 기도하는 시간이 가장 귀하고 즐겁고 행복해야 합니다. 예배드리는 시간이 거북하고 불편하고 아깝다면, 그 사람은 회개해야 합니다. 이는 그 사람의 체질이 천국 체질이 아닌 지옥 체질로 바뀌고 있기 때문입니다.

저는 부산에 산 지 30년이 지나고 난 뒤에야 회 맛을 알았습니다. 산골 출신이다 보니 회보다는 매운탕이 더 맛있는 줄 알았는데, 미국에서 오신 목사님이 꼭 회를 사달라고 해서 함께 횟집에 갔다가 그날 처음으로 회 맛을 알게 되었습니다.

신앙생활을 하면서도 이런 일을 겪을 때가 있지 않습니까? 어느 날 문득 하나님의 말씀이 깨달아지거나 하나님의 임재를 느끼게 되는 경우 말입니다. 말씀 한 구절이 가슴에 쓰나미를 일으키고, 찬송 한 소절이 하늘에 사무치고, 기도 한 마디가 주님에게 상달되어 하나님의 보좌를 움직이는 그런 경험 말입니다. 이러한 체험이 때로는 우리를 부담스럽게도 하지만, 그 부담감이 오히려 우리를 설레게 하고, 우리의 심장을 뛰게 합니다. 그 팽팽한 긴장감이 우리의 인생을 앞으로 나아가게 하기에,

우리는 이런 체험에서 비롯된 간증이 많아져야 합니다.

우리는 마음이 분주하고 복잡할수록 '단무지(단순, 무식, 지속) 정신'을 가져야 합니다. 무슨 말입니까? 한 가지, 곧 예배에 집중해야 한다는 것입니다. 우리 속에 있는 독가스를 배출해 내기 위해서라도 우리는 우리의 체질을 예배 체질로 바꾸어 나가야 합니다. 회개함으로 죄를 토해 내야 합니다. 그와 함께 산소를 마시듯이 성령과 은혜와 진리로 충만하게 채워야 합니다.

일상이 예배가 되게 하라

예수님은 "여우도 굴이 있고 공중의 새도 거처가 있으되 인자는 머리 둘 곳이 없다"(마 8:20)고 말씀하셨습니다. 당신은 답답하고 힘들 때 어디를 찾아갑니까? 갑갑하고 무서울 때 누구를 의지합니까? 당신의 기댈 언덕은 무엇입니까? 아브라함의 조카 롯은 자신의 눈에 좋아 보이는 땅인 소돔과 고모라를 선택했지만 그곳은 장망성(장차 망할 성)이었습니다. 허탄한 인생을 의지해서는 안 됩니다. 사람이나 장소에서 얻는 편안함은 다 부질없는 것입니다. 하박국은 되는 것이 아무것도 없을지라도 하나님 한

분만으로 만족하고 즐거워했습니다.

본문에서 시편 기자는 주의 장막, 곧 교회가 사랑스럽다고 고백합니다. 더 나아가 자신의 영혼이 여호와의 궁정을 사모해서 쇠약해졌다고 고백합니다.

> 만군의 여호와여 주의 장막이 어찌 그리 사랑스러운지요 내 영혼이 여호와의 궁정을 사모하여 쇠약함이여 내 마음과 육체가 살아 계시는 하나님께 부르짖나이다(시 84:1-2).

무슨 말입니까? 상사병에 걸린 것처럼 교회에 가고 싶어 병이 났다는 것입니다. 그렇게 교회가 보고 싶고 그립다는 것입니다. 그러면서 주의 집에 사는 자들은 항상 찬송을 부르니 행복한 자들이라고, 주님으로부터 힘을 얻는 사람, 그 마음에 시온의 대로가 있는 사람은 복이 있다고 고백합니다.

> 주의 집에 사는 자들은 복이 있나니 그들이 항상 주를 찬송하리이다 (셀라) 주께 힘을 얻고 그 마음에 시온의 대로가 있는 자는 복이 있나이다(시 84:4-5).

유럽에서 신앙의 자유 하나를 위해 대서양을 건너온

사람들이 바로 청교도들입니다. 그들이 오늘날 미합중국을 일으킨 개척자들이 되었습니다. 마음껏 예배드리기 위해 건너간 사람들이 다음 세대의 주역이 된 것입니다. 그들이 눈물 골짜기로 지나갈 때 그곳에 많은 샘이 생겼을 것입니다. 그 눈물 골짜기는 고난의 골짜기요, 환난의 골짜기입니다. 하나님이 그곳에 샘의 동산을 일으켜 주신 것입니다. 그렇게 '힘을 얻고 더 얻어' 어떤 일을 해도 에너지가 솟아나는 열정의 소유자가 되는 것입니다.

> 주의 궁정에서의 한 날이 다른 곳에서의 천 날보다 나은즉 악인의 장막에 사는 것보다 내 하나님의 성전 문지기로 있는 것이 좋사오니(시 84:10).

시편 기자는 계속해서 만군의 하나님, 야곱의 하나님, 방패이신 하나님에게 주의 궁정에서의 한 날이 세상의 천 날보다 낫고, 악인의 장막에 사는 것보다 하나님의 성전 문지기로 있는 것이 더 좋다고 고백합니다. 그러면서 우리를 사랑하시는 하나님이 무엇을 더 아끼시겠느냐고 고백합니다. 실제로 하나님은 독생자 예수님도 아낌없이 주시지 않았습니까? 그래서 시편 기자는 "주께 의지하는 자는 복이 있나이다"(시 84:12)라고 노래하고 있는 것입니다. 우리가 의지할 수 없는 인생을 의지하지 마십시오. 사람은 신뢰의 대상이 아닌 섬김의 대상일 뿐입니다.

교회 권사인 배우 김혜자 씨가 동료 배우인 김수미 씨가 경제적으로 힘들어 백방으로 돈을 빌리러 다닌 적이 있는데, "아이고, 여기가 아프리카네" 하고 안타까운 사정에 거금을 주었다는 일화를 들은 적이 있습니다. 그렇습니다. 지금 당신이 서 있는 곳이 바로 선교지이고, 당신이 하고 있는 일이 바로 사명이요, 선교입니다. 야곱이 도망을 가다가 돌베개를 베고 잠을 자던 그곳에서 '아, 여기가 아버지 집이구나. 여기가 벧엘이구나' 고백했듯이, 요셉이 꼬일 대로 꼬인 엉망진창인 인생을 살았지만 그가 지나온 과거를 후회하지 않고 하나님의 인도하심과 예비하심을 고백했듯이, 우리가 살아가는 삶의 현장마다 그곳이 예배의 자리가 되고, 선교지가 되어야 합니다. 그래서 어디를 가든지 예배드리는 그 순간이 편안하고 익숙해야 합니다. 예배 시간이 거북하고 불편하다면 회개해야 합니다. 예배당이 아닌 세상의 장소에서 힘을 얻고 있다면 회개해야 합니다. 주님의 말씀을 '진리'가 아니라 '질림'으로 받는 사람이 있다면 회개해야 합니다.

예수님은 왜 날이 밝기도 전에 사람들을 피해 한적한

곳에 가서 기도하셨을까요? 아버지와 함께하는 그 시간이 예수님에게는 충전이 되는 시간이었기 때문입니다. 그렇습니다. 그곳이 바로 우리가 있어야 할 자리이고, 그 시간이 바로 우리가 가져야 할 시간입니다. 신앙생활이 매너리즘에 빠지지 않도록, 우리도 모르는 사이에 형식화, 제도화, 화석화되지 않도록 늘 첫사랑을 회복해야 합니다. 주님은 구하고 찾고 두드리는 자에게 좋은 것을 주시는 분임을 믿고 늘 성령 충만할 수 있도록 하나님 앞에 엎드려야 합니다.

예배의 자리를 사모하십시오. 은혜의 보좌 앞에 담대히 나아가십시오. 그럴 때 에스겔 골짜기의 마른 뼈가 하나님의 군대가 될 것입니다. 당신의 눈에는 무엇이 보입니까? 영적인 진선미(眞善美)가 보입니까, 아니면 다른 사람의 허물이 보입니까? 영안이 열려 있는 것이 축복입니다. 시기와 질투의 영이 일어난다면 사탄, 마귀의 조종을 받고 있는 것이 확실하고, 사랑의 은사가 나타난다면 성령님의 인도하심을 받고 있는 것이 틀림없습니다. 우리는 빛의 자녀이기 때문에 어두운 것, 흑암의 권세는 꿈도 꾸지 말아야 합니다. 그 근처에는 가지도 말아야 합니다. 어둠의 옷을 벗어 버려야 합니다. 성경은 "악은 어떤 모양이라도 버리라"(살전 5:22)라고 말씀합니다.

세상이 아닌 하나님을 의지하라

우리는 하늘의 세밀한 소리와 하나님의 말씀을 들으려고 애써야 합니다. 사람의 말에 따라 이리저리 흔들리거나 사탄, 마귀의 미혹의 소리에 넘어가서는 안 됩니다. 사도 바울처럼 어떤 악조건 속에서도 거침없이, 담대하게 나아가는 사람이 되어야지, 늘 마음에 찝찝함이 생기거나 거침돌이 많아 매사에 짜증이 나는 삶을 살아가고 있다면 영적으로 큰 중병에 걸린 것입니다. 사방으로 욱여쌈을 당해도 사도 바울은 새털처럼 자유롭게 살았습니다. 그랬기에 바울은 연약한 디모데에게도 복음과 함께 고난을 받으라고 가르친 것입니다(딤후 1:8).

고난을 멀리하고 달달한 꽃길만 바라보는 것이 이 시대의 잘못된 신앙입니다. 세상이 안락하고 편안하다면 영적인 체질이 악화되어 암이 생기기 직전이라고 봐야 합니다. 가만히 있어도 무기력해지고 피곤한 사람이 많습니다. 영적인 무기력증이 와서 그렇습니다. 성령의 인도함을 받지 않고 감정적으로 살아가기에 그렇습니다. 우리는 주의 일을 할 때 힘을 얻어야 합니다. 주의 일을 통해 평안함을 얻어야 합니다. 주님은 메마른 땅을 흡족하게 하십니다. 주님은 우리를 물 댄 동산같이 만들어 물이 끊이지 않는 샘물 같은 복을 주십니다.

주님은 광야에 길을, 사막에 강을 내는 분이십니다. 주님은 얼마든지 새 일을 하시는 분이기 때문에, 우리가 주의 일을 할 때는 늘 설레는 마음과 어떤 일이 있어도 기대하는 마음을 가져야 합니다. 위대하신 하나님을 기대하십시오. 쉬지 말고 기도하십시오. 하나님의 말씀을 기억하십시오. 하나님의 때를 기다리십시오. 그러면 기적의 주인공이 될 것입니다.

야베스라는 이름은 '수고와 고통'이라는 뜻이었지만 그는 다섯 가지 기도를 통해 축복의 대명사가 되었습니다. 또한 이사야 40장 28-29절은 이렇게 말씀합니다.

> 너는 알지 못하였느냐 듣지 못하였느냐 영원하신 하나님 여호와, 땅끝까지 창조하신 이는 피곤하지 않으시며 곤비하지 않으시며 명철이 한이 없으시며 피곤한 자에게는 능력을 주시며 무능한 자에게는 힘을 더하시나니.

그렇기 때문에 우리는 하나님을 믿고 의지해야 하는 것입니다.

당신은 코로나에 갇혀서 교회를 멀리한 지 얼마나 되

었습니까? 예배 없는 생활에 얼마나 익숙하고 편안해졌습니까? 이것이 큰 문제입니다. 코로나를 핑계 삼지 말고 이제 나오십시오. 우리는 위드(with) 코로나가 아니라 윈(win) 코로나를 해야 합니다. 우리의 일상을 빼앗고 관계를 무너뜨리고 예배를 막은 것이 코로나이기 때문에, 우리는 이 코로나를 극복해야 합니다.

당신은 무엇에 예민합니까? 우리는 우리의 이름이나 재산, 자존심, 기분을 건드리면 죽을 듯이 덤비는 과민반응을 내보입니다. 하지만 우리에게 필요한 것은 하나님의 이름, 하나님의 영광에만 반응을 보였던 다윗과 같은 영적인 민감함입니다. 우리가 무엇에 익숙하고 무엇에 거북함을 느끼는지를 돌아봅시다. 우리 신앙의 현주소가 어디에 있는지를 이 코로나 한복판을 지나면서 확인하고 회개한 후 주님 앞에서 우리의 영성과 야성과 정성을 새롭게 하는 그리스도인이 됩시다.

- 요즘 당신에게 가장 익숙한 사람, 익숙한 장소, 익숙한 행동은 무엇입니까? 이 모든 익숙함은 당신을 영적으로 편안하게 합니까, 불편하게 합니까? 만일 불편함을 느낀다면, 어떻게 해야 편안해질 수 있을지 생각해 봅시다.

그러므로 형제들아
내가 하나님의 모든 자비하심으로 너희를 권하노니
너희 몸을 하나님이 기뻐하시는 거룩한 산 제물로 드리라
이는 너희가 드릴 영적 예배니라
너희는 이 세대를 본받지 말고
오직 마음을 새롭게 함으로 변화를 받아
하나님의 선하시고 기뻐하시고 온전하신 뜻이
무엇인지 분별하도록 하라

(롬 12:1-2).

2 °

변화의 주역이 되는 '주전자 정신'

마음 밭에 예배의 씨앗을 심으라

코로나 사태가 길어지면서 많은 사람이 불안해합니다. 미래가 도무지 불확실하다는 것입니다. 사람이 불안해지기 시작하면 모든 면에서 위축되기 때문에 서서히 망가지게 됩니다. 그리고 결국엔 죽게 됩니다. 한마디로 불안은 죽음에 이르는 병이라 할 수 있습니다.

그렇다면 이러한 불안을 대하는 그리스도인의 자세는 어떠해야 할까요? 이러한 때일수록 우리는 뜻 없이, 의미 없이 살아갈 것이 아니라, 하나님의 뜻을 생각하고 그분의 뜻에 맞게 계획을 세워야 합니다. 그러기 위해서는 먼저 우리의 영적 예배를 회복해야 합니다. 이 장에서는 영적 예배를 회복하기 위한 다섯 가지 방법에 대해 살펴보려 합니다.

하나님 마음에 합당한 뜻을 정하라

사람은 어지러운 때일수록 뜻을 정하고 살아야 감정의 소용돌이에 함몰되지 않을 수 있습니다. 매화를 보십시오. 겨울에 얼음을 뚫고 제일 먼저 피어나는 꽃이 매화입니다. 또 제가 어릴 때는 보리밟기를 했는데, 겨울 동안 들뜬 흙을 눌러 주는 과정을 거쳐야만 보리의 뿌리가 땅속에 깊이 자리를 잡을 수 있습니다. 온실 안에서 자란 화초보다 비바람을 맞고 자란 야생화가 강하듯이, 우리는 어지러운 세상일수록 뜻을 정하고, 꿈을 꾸고, 목표를 재설정해야 합니다.

성경에는 하나님이 한 시대에 들어 쓰신 사람들의 이야기가 자주 등장합니다. 우선 다니엘을 보십시오. 사실 다니엘은 뜻을 정할 입장이 안 되었습니다. 나라는 망하고, 성전은 불타 버리고, 집안은 박살이 난데다 부모님은 살아 계시는지 돌아가셨는지 소식도 모른 채 어린 나이에 남의 나라에 포로로 끌려간 주제에 무슨 뜻을 정할 수 있었겠습니까! 그런데 다니엘은 그 최악의 상황에서도 자신의 선명한 뜻을 정했습니다.

다니엘은 뜻을 정하여 왕의 음식과 그가 마시는 포도주로 자기를 더럽히지 아니하리라 하고 자기를 더럽히지 아니하도록 환관장에게 구하니(단 1:8).

요셉은 어떻습니까? 요셉은 입만 열면 꿈 이야기를 하곤 했지만, 사실 그는 꿈을 이야기할 만한 입장이 아니었습니다. 어린 나이에 어머니를 여읜 그는 형들에게 왕따를 당하는 상황이었습니다. 청운의 꿈을 펼칠 아무런 근거가 없었습니다. 하지만 그는 생생한 꿈을 꾸는 사람이었습니다.

요셉이 다시 꿈을 꾸고 그의 형들에게 말하여 이르되 내가 또 꿈을 꾼즉 해와 달과 열한 별이 내게 절하더이다 하니라(창 37:9).

사도 바울의 경우, 그의 소원은 로마로 가는 것이었습니다.

내가 … 로마도 보아야 하리라(행 19:21).

그런데 바울의 상황을 보십시오. 그는 집도 없고 가족도 없이 불확실한 삶을 살아가는 사람이었습니다. 심지

어는 감옥을 들락날락하는 사람이었습니다. 하지만 그는 오히려 세상이 감당할 수 없는 사람이 되어서 자신의 소원을 이루고 말았습니다. 본문이 기록된 로마서가 바로 로마에 있는 성도들에게 보낸 편지입니다.

앞서간 믿음의 사람들은 최악의 상황에서도 자신의 뜻을 정하고 그 꿈을 이루었습니다. 다니엘은 정권이 바뀌고 제국이 뒤집어지는 상황에서도 세 번에 걸쳐 총리대신의 자리를 감당했고, 요셉은 하나님에게 가장 아름답고 존귀하게 쓰임 받은 사람이 되었으며, 바울은 세계 열방을 휘젓고 다니는 열방의 선지자로, 사도로 쓰임 받게 되었습니다.

요즘 사역자들을 보면, 기계를 다루거나 영상을 찍는 일들을 곧잘 하지만 전문가처럼 잘하는 경우는 매우 드뭅니다. 그런데 용감한 사람들이 있습니다. 실력이 없어도 일단 해 보는 것입니다. 이런저런 장비나 실력을 따지는 사람들은 대개 안 된다고, 어렵다고, 힘들다고 포기해 버립니다. 이런 사람들은 아무것도 못 하는 경우가 많습니다. 하지만 은혜의 보좌 앞에 담대히 나아가듯 용감하게 시도하는 사람들이 결국에는 작품을 만들어 내는데, 그게 은혜가 됩니다.

꼼짝달싹 못 하는 이 코로나 시국이야말로 은혜의 보

좌 앞에 담대히 나아갈 수 있는 기회입니다. 영상을 찾아서라도 영적인 예배를 회복해야 하는 시기라는 것입니다. 주님은 자격 없고 사랑할 가치가 없는 우리를 불러 사랑해 주셨습니다. 쓸모없는 연약한 인간을 세워 주셨습니다. 하나님의 은사와 부르심에는 후회하심이 없기 때문에, 우리는 허락된 시간을 하루살이처럼 개념 없이 사용해서는 안 됩니다. 성경의 말씀처럼, 세월을 아껴야 합니다.

세월을 아끼라 때가 악하니라(엡 5:16).

내일은 '내 날'이 아닙니다. 우리는 하나님이 허락하신 유통 기한을 헤아려 봐야 합니다. 우리가 쓰임 받을 수 있는 기한은 아무도 모릅니다. 때문에 우리는 하루하루를 천년같이 살아가야 합니다. 생각 없이, 개념 없이, 뜻도 의미도 없이 흐리멍덩하게 살아갈 수는 없다는 것입니다. 우리는 뜻을 정하고 목표를 재설정해야 합니다.

마음을 새롭게 하라

세상만사는 마음먹기 나름이라는 말이 있습니다. 우리 마음을 하치장 취급하듯 내버려 두지 말라는 것입니다. 우리는 마음 밭에 무엇인가를 반드시 심어야 합니다.

잡초를 생각해 보십시오. 잡초는 따로 심지 않아도 잘 나고 잘 자랍니다. 우리 마음 밭도 마찬가지입니다. 우리 마음을 잡초가 차지하도록 방치하거나 방심하지 말고, 마음을 잘 챙기고 지켜서 그 밭을 잘 가꾸어야 합니다.

심방을 다니다 보면 어떤 집에는 대추나무가 있고, 어떤 집에는 배나무가 있고, 어떤 집에는 단감나무가 있는 것을 보게 됩니다. 그 나무는 왜 그 자리에 있는 것일까요? 그 언젠가 할아버지 또는 할머니가 그곳에 그 나무들을 심어 놓았기 때문입니다. 마음 밭을 내버려 두지 마십시오. 어려운 때일수록 마음 밭을 옥토로 만들어 주의 복음의 씨앗을 뿌려야 합니다.

자신의 마음은 자신이 돌봐야 합니다. 이때 가장 나쁜 것은 가만히 있는 것입니다. 가만히 있으면 잡초가 생기기에 그렇습니다. 우리는 우리 마음이 딱딱해지지 않도록 잘 가꾸어야 합니다. 세월이 지나면 모든 것이 형식화되고 화석화되어 굳어지기 때문에, 마음이 완고해지지 않도록 우리의 묵은 마음을 기경해야 합니다.

코로나 시국이 길어지면서 우리는 교회에도 마음대로 갈 수 없게 되었습니다. 하지만 이런 때일수록 우리는 어디서든지 예배하고, 어디서든지 찬양하고, 어디서든지 감사하고, 어디서든지 소통해야 합니다. 목소리 높여 찬송하고, 부르짖으며, 주님의 말씀을 묵상하다 보면 눈과 귀와 마음이 열리며 주의 영광을 보게 되는 것입니다. 하나님의 섭리와 아버지의 뜻 그리고 그분의 본심을 맛보아 알게 되는 것입니다.

마음 밭을 길가 밭으로 만들어 이 사람, 저 사람 밟고 다니게 하지 마십시오. 돌밭처럼 굳어지게 하지 마십시오. 가시밭처럼 세상 근심걱정으로 가득 채우지 마십시오. 우리는 우리 마음을 옥토로 만들어 아름다운 포도원을 가꾸어야 합니다. 그럴 때 우리의 가정이, 우리 교회가 그리고 우리나라가 온전히 세워지는 것입니다. "세계는 나의 교구"라는 존 웨슬리(John Wesley)의 말처럼, 우리는 열방을 품고 대제사장처럼 기도하는 그리스도인이 되어야 합니다.

변화의 주역이 되라

사람들은 변화되는 것을 싫어합니다. 그런데 변화를 이루지 못하면 변질될 수밖에 없습니다. 우리는 변화되는 것이 싫지만 세상은 지금 격동의 시기를 지나고 있습니다. 그렇기에 우리는 스스로 변화를 선도해야 합니다. 이왕 변해야 한다면, 스스로 앞장서서 변화되어야 한다는 것입니다. 코로나 사태를 통해 깨달은 것이 있다면 선제적인 방역이 중요하다는 것입니다.

요즘은 시대를 B.C.(Before Christ)와 A.D.(Anno Domini)로 구분하지 않고 B.C.(Before Corona)와 A.C.(After Corona)로 구분한다고 합니다. 코로나 때문에 세상이 다 바뀌었다는 것입니다. 그러니 이 급변하는 현실 속에서 살아가기 위해서는 우리 각자가 변화를 주도해야 합니다.

'주전자 정신'이라는 말이 있습니다. 먼저, '주'는 주인공 의식을 가지고 주도적으로 살아가라는 것입니다. 주류가 되고 일류가 되라는 것입니다. '전'은 전문성을 기르라는 것입니다. 실력을 길러 유력한 사람이 되라는 것입니다. 남을 도와줄지언정 빌어먹지는 말라는 것입니다. 섬기고 베푸는 사람으로 살아가라는 것입니다. 마지막으로 '자'는 자신감을 가지라는 것입니다. 자신감이 없으면 열등감, 수치감, 패배감에 나가떨어질 수밖에 없기 때문입니다. 이처럼 우리는 '주전자 정신'을 가지고 변화의 주역이 되어야 합니다.

이 세대를 본받지 말라

우리는 천국을 대망하는 하나님 나라의 시민권자들입니다. 그렇기에 우리는 이 세상에 정을 붙이고 살아서는 안 됩니다. 코로나 사태를 보면서 느끼는 것은, 인생이 너무나 무기력하다는 것입니다. 선진국이건 강대국이건 아무것도 아니라는 것입니다.

본문은 "이 세대를 본받지 말고"(롬 12:2)라고 말씀합니다. 이 시대의 풍조에 속지 말라는 것입니다. 이 시대에 함부로 적응하지 말라는 것입니다. 소금의 짠맛을 잃지 말라는 것입니다.

저는 예수 믿는 사람이라면 깐깐하고, 소심하고, 치사하고, 고집스러워야 정상이라고 봅니다. 어떻게 이것도 좋고 저것도 좋을 수 있습니까? 예수 믿는 사람이라면 안 가는 데도 있고, 못 하는 것도 있고, 고집도 있고, 깐깐해야 합니다. 별나다는 소리를 들어야 합니다. 시대의 우울을 거절하고 나만의 거리 유지, 속도 유지, 체온 유지를 해내야 합니다. 살아 있는 물고기는 폭포를 치고 올라가지만, 죽은 물고기는 둥둥 떠내려가고 말기 때문입니다. 우리는 악하고 패역한 이 세대를 본받지 말아야 합니다.

거룩한 산 제물을 드리라

살다 보면 입이 아닌 몸을 움직여야 하는 일들이 많습니다. 특히 한국 사람의 경우에는 눈도장을 찍고 발품을 팔아야 합니다. 누군가의 결혼을 말로만 축하하기보다는 직접 가서 축하하는 것이 더 나은 것처럼, 또한 선거철마다 전철역이고, 시장이고 방문해서 사람들의 눈도장을 찍는 것이 중요한 것처럼 말입니다.

> 그러므로 형제들아 내가 하나님의 모든 자비하심으로 너희를 권하노니 너희 몸을 하나님이 기뻐하시는 거룩한 산 제물로 드리라 이는 너희가 드릴 영적 예배니라(롬 12:1).

본문은 우리 몸을 '거룩한 산 제물로 드리라'고 말씀합니다. 무슨 말입니까? 우리 몸은 성령님이 거하시는 전이므로 성전을 관리하듯 우리 몸을 잘 관리하라는 것입니다. 우리 몸을 죄의 도구로 사용하지 말고 하나님에게 의의 병기로 드리라는 것입니다.

제물을 드린다는 것은 숨통을 끊고 각을 뜬 다음 태워서 드리는 것을 의미하는데, 이것은 곧 예배를 말합니다. 우리의 삶을 통해 하나님이 기뻐 받으시는 예배를 드려야 한다는 것입니다. 하지만 코로나가 장기화되고 대면 예배가 어려워지면서 우리의 예배 생활이 점점 무너지고 있습니다. 이런 때일수록 우리는 일상의 예배를 회복해야 합니다. 가정 예배를 회복해야 합니다. 그래야 영적인 회복이 일어나게 됩니다. 거룩을 회복하게 됩니다.

당신의 몸을 거룩한 산 제물로 드리십시오. 그럴 때 예배와 영혼이 살아나는 회복의 은혜를 맛볼 수 있습니다.

▬ 코로나 전과 후, 당신의 예배 생활은 어떻게 달라졌습니까? 하나님과 더 가까워졌습니까, 아니면 더 멀어졌습니까?

스알디엘의 아들 스룹바벨과
여호사닥의 아들 대제사장 여호수아와 남은 모든 백성이
그들의 하나님 여호와의 목소리와 선지자 학개의 말을 들었으니
이는 그들의 하나님 여호와께서 그를 보내셨음이라
백성이 다 여호와를 경외하매 그때에 여호와의 사자 학개가
여호와의 위임을 받아 백성에게 말하여 이르되
여호와가 말하노니 내가 너희와 함께하노라 하니라
여호와께서 스알디엘의 아들 유다 총독 스룹바벨의 마음과
여호사닥의 아들 대제사장 여호수아의 마음과
남은 모든 백성의 마음을 감동시키시매 그들이 와서
만군의 여호와 그들의 하나님의 전 공사를 하였으니
그때는 다리오 왕 제 이 년 여섯째 달 이십사 일이었더라
(학 1:12-15).

3 °

하나님과의 관계를 회복하는 '통친합락'

멈춘 자리가 회복의 출발선이다

본문의 배경은 이렇습니다. 이스라엘 백성이 바벨론에 포로로 끌려가 70년을 갇혀 있다가 하나님의 은혜로 이방 왕 고레스의 명령을 받고 불타 버린 성전을 재건하기 위해 모국으로 돌아왔습니다. 그런데 돌아와서는 성전을 짓지 않고 16년을 어영부영 '허송세월'(虛送歲月)하며 보냈습니다. 그러던 어느 날, 하나님이 정치 지도자인 총독 스룹바벨과 종교 지도자인 대제사장 여호수아 그리고 하나님의 종인 선지자 학개에게 나타나 말씀하셨습니다. 그들이 한마음, 한뜻으로 하나님의 말씀을 듣자 하나님은 벌을 내리시려다가 "내가 너희와 함께하노라"(학 1:13)라고 약속하셨습니다. 하나님의 약속을 받은 이스라엘 백성은 마음에 감동을 받아 다시금 공사를 재개했습니다.

하나님은 여섯 단계에 걸쳐 이스라엘 백성의 변화를

이끌어 내셨습니다. 이 말씀을 붙잡는 우리의 삶도 새로워지기를 바랍니다.

우리 각자의 자리로 찾아오시다

사람은 저마다 각자의 자리가 있습니다. 우리는 그 자리를 잘 지켜야 합니다. 특별히 우리는 예배의 자리를 잘 지켜야 합니다. 영상 예배가 더 큰 비중을 차지하는 요즘에는 예배의 자리를 사수하고 확보하는 것이 참으로 중요합니다.

본문에서 하나님은 정치 지도자의 자리, 종교 지도자의 자리 그리고 당신의 종의 자리를 찾아오셨습니다. 하나님은 역사를 주관하시는 분이기도 하지만, 한 사람의 세밀한 상태까지도 아시는 분입니다. 그 하나님이 우리 각자의 상황에 맞게 찾아오십니다.

정치 지도자와 종교 지도자와 하나님의 종이 한마음, 한뜻이 되어 하나님의 영광을 위해 응답하는 것이 본문의 시작입니다. 사실 교회는 그렇습니다. 부자도 있고 가난한 사람도 있고, 병든 사람도 있고 건강한 사람도 있고, 똑똑한 사람도 있고, 그렇지 못한 사람도 있는 곳이 바로 교회입니다. 하나님 나라는 버릴 게 하나도 없는 것처럼, 교회를 구성하는 사람들 또한 모두가 필요한 존재입니다.

그렇기에 우리는 우리의 자리를 사수하고 그 자리를 빛나게 해야 합니다. 그 자리를 굳게 지켜야 합니다. 기도의 자리, 섬김의 자리, 찬양의 자리, 예배의 자리, 축복의 자리를 빼앗기지 말아야 합니다. 평생의 소원이 하나님을 사랑하는 것이었던 다윗처럼 말입니다. 그 자리로 하나님이 찾아오시기 때문입니다.

나의 힘이신 여호와여 내가 주를 사랑하나이다(시 18:1).

여호와는 나의 목자시니 내게 부족함이 없으리로다(시 23:1).

히스기야가 잘한 것이 무엇입니까? 전쟁으로 인해 많은 사람이 죽고 나라가 어려움에 빠졌을 때 그는 정치, 경제, 외교 등의 문제를 먼저 손보지 않았습니다. 오직 심령의 부흥, 신앙의 부흥을 최우선으로 여겼습니다. 그랬을 때 다른 문제들도 저절로 해결되는 결과를 맛보았습니다. 본문의 상황도 똑같습니다. 하나님이 학개와 스룹바벨과 여호수아를 불러 말씀하실 때 이들의 마음은 다른 어떤 것보다도 성전을 재건해야 한다는 것에 그 뜻을 모았습니다.

성전 건축을 말하는 것이 아닙니다. 마음의 집을 잘 지어야 한다는 것입니다. 가정을 세우고, 일터를 세우고, 코로나에 지쳐 있는 이 시대를 박차고 일어나야 한다는 것입니다. 다시금 공사를 재개하라는 것입니다. 하나님 앞에 각자의 마음을 반듯하게 세워야 한다는 것입니다. 우리가 어디에 있든지, 하나님은 우리를 반드시 찾아오십니다.

말씀을 들려주시다

> 스알디엘의 아들 스룹바벨과 여호사닥의 아들 대제사장 여호수아와 남은 모든 백성이 그들의 하나님 여호와의 목소리와 선지자 학개의 말을 들었으니(학 1:12a).

우울한 역사와 절망의 상황이 계속될 때, 하나님은 반드시 말씀하십니다. 말씀으로 먼저 찾아오십니다. 말씀이 희귀할 때 어린 사무엘을 찾아와 말씀하셨던 것처럼, 우리가 큰 병에 걸리거나 어려운 일을 당할 때 하나님은 반드시 먼저 말씀을 주십니다.

살아 있고 활력이 있는 말씀에 감동을 받으면 역사가

확 풀어집니다. 본문에 등장하는 이들에게도 하나님의 목소리가 들려왔습니다. 그리고 선지자 학개의 말을 이스라엘 백성이 들었습니다. 예수님의 사역도 똑같습니다. 예수님도 하늘로부터 내려온 소리를 듣고 난 뒤에 본격적인 사역을 시작하셨습니다.

> 예수께서 세례를 받으시고 곧 물에서 올라오실새 하늘이 열리고 하나님의 성령이 비둘기같이 내려 자기 위에 임하심을 보시더니 하늘로부터 소리가 있어 말씀하시되 이는 내 사랑하는 아들이요 내 기뻐하는 자라 하시니라(마 3:16-17).

말귀를 알아듣는 사람이 지혜로운 사람입니다. 우리는 주의 말씀을 새겨들어야 합니다.

> 귀 있는 자는 성령이 교회들에게 하시는 말씀을 들을지어다(계 2:29).

믿음은 들음으로 오는 것이기 때문에 듣는 것이 제사보다 낫습니다.

> 그러므로 믿음은 들음에서 나며 들음은 그리스도의 말씀으로

말미암았느니라(롬 10:17).

명령이 떨어져야 공사가 개시됩니다. 또한 병원에 가 보면 아무리 급해도 주사부터 놔 주지 않습니다. 의사의 진찰과 처방이 내려져야 간호사가 주사를 놓습니다. 하나님의 일도 마찬가지입니다. 하나님의 말씀이 떨어지고 난 뒤에야 역사가 일어납니다.

사람의 말을 들으면 시험에 들고, 하나님의 말씀을 들으면 은혜를 받는다는 말이 있습니다. 하나님이 주신 약속의 말씀, 생명의 말씀을 붙잡으십시오. 약속의 말씀이 무엇입니까? 뽑기 하듯이 뽑는 것이 아닙니다. 설교를 듣거나 기도하는 중에 또는 성경을 통독하다가 어떤 말씀이 가슴에 부닥쳐 오면, 그 말씀을 붙잡고 기도하는 것입니다. 그렇게 드린 기도가 주님에게 상달될 때 역사가 일어나는 것입니다.

저는 네 가지를 생각합니다. '하나님의 부르심, 교회의 필요, 시대의 요청, 내면의 절규'가 그것입니다. 하나님이 부르신다면, 교회가 필요로 한다면, 시대가 요청한다면 그리고 내 속에서 해야겠다는 마음이 일어난다면 밀고 나가야 한다는 것입니다. 지금까지 목회를 해 오면서 기도하다가 '이렇게 해야겠다' 생각되었던 것들은 대부분 그렇게 되었습니다. 순발력이 아닙니다. 성령님이 주시는 영감입니다.

기도 중에 하나님이 주시는 마음이라는 확신이 들면 그 일이 무엇이든 해 보십시오. 하다 보면 재능도 주시고, 시간도 주시고, 물질도 주시고, 건강도 주시는 분이 우리 하나님이십니다. 문제를 자꾸 문제 삼지 마십시오. 문제를 문제 삼으면 문젯거리밖에 안 되지만, 약속의 말씀을 붙들고 살아가면 그 말씀이 우리를 이끌고 갑니다.

백성의 경외를 받으시다

백성이 다 여호와를 경외하매(학 1:12b).

성경은 "여호와를 경외하는 것이 지식의 근본이거늘"(잠 1:7)이라고 말씀합니다. 저는 사랑보다 존경이 더 중요하다고 생각하는데, 여기서 존경은 인정하는 것을 의미하기 때문입니다.

너는 범사에 그를 인정하라 그리하면 네 길을 지도하시리라(잠 3:6).

우리가 하나님을 인정하고, 존경하고, 경외할 때, 그때부터 모든 인간관계가 풀리기 시작합니다.

본문을 보십시오. 이스라엘 백성이 하나님을 경외하면서 비로소 학개 선지자를 하나님의 종으로 인정하기 시작했습니다. 그렇습니다. 이것이 시작입니다. 하나님을 경외하는 사람은 나라도 사랑하고, 교회도 사랑하고, 자연도 사랑하고, 가족도 사랑하게 되는 것입니다.

약속을 주시다

스룹바벨과 여호수아 그리고 학개를 통해 선포된 말씀을 들은 이스라엘 백성이 반응을 보였습니다. 그 결과 16년 동안 게으름을 부리던 그들이 한 달이 되기 전에 엎드려 순종하기 시작했습니다. 이러한 모습을 보신 하나님은 그 마음을 바꾸어 그들에게 벌이 아닌 상을 내려 주셨습니다. 하나님의 본심은 심판이 아닌 구원이요, 저주가 아닌 축복이기 때문입니다.

내가 너희와 함께하노라(학 1:13).

코로나 시국이 장기화되면서 서로 간에 거리를 유지해야 하는 세상이 되었지만, 그렇다고 하나님과의 거리까지 유지해서는 안 됩니다. 하나님과는 최대한 가까이 있어야 합니다. 저는 이것을 '통친합락'이라고 이야기합니다. 우리는 하나님과 '통'해야 합니다. 그리고 하나님과 '친'해야 합니다. 하나님과 친구처럼 지냈던 모세와 같이 말입니다. 그리고 다윗과 같이 하나님 마음에 '합'한 자가 되어야 합니다. 그로 인해 구원의 즐거움('락')을 누려야 합니다.

예수님이 제자들에게 주신 마지막 약속은 "내가 세상 끝 날까지 너희와 항상 함께 있으리라"(마 28:20)라는 말씀이었습니다. 이 약속은 오늘 우리에게도 유효함을 기억해야 합니다.

마음에 감동을 주시다

여호와께서 스알디엘의 아들 유다 총독 스룹바벨의 마음과 여호사닥의 아들 대제사장 여호수아의 마음과 남은 모든 백성의 마음을 감동시키시매(학 1:14a).

오늘 우리는 무정하고 만정이 떨어지는 끔찍한 시대를 살아가고 있습니다. 사람들이 얼마나 무감각하고, 무정하고, 무기력하게 되었는지 모릅니다. 본문의 시대도 다르지 않았던 것 같습니다. 그때 하나님이 성령을 기름 부어 주셔서 백성을 비롯한 지도자들의 마음을 감화, 감동시켜 주셨습니다.

성경에는 성령의 감화를 받아 크게 쓰임 받은 사람들의 이야기가 종종 등장합니다. 먼저 요셉을 보십시오.

> 바로가 그의 신하들에게 이르되 이와 같이 하나님의 영에 감동된 사람을 우리가 어찌 찾을 수 있으리요 하고(창 41:38).

삼손도 성령의 감동을 받아 놀라운 일을 행했습니다.

> 여호와의 영이 삼손에게 갑자기 임하시매 그의 팔 위의 밧줄이 불탄 삼과 같이 그의 결박되었던 손에서 떨어진지라 삼손이 나귀의 새 턱뼈를 보고 손을 내밀어 집어 들고 그것으로 천명을 죽이고(삿 15:14-15).

사도 바울도 성령에 매여 살아가는 삶임을 고백하고 있습니다.

보라 이제 나는 성령에 매여 예루살렘으로 가는데 거기서 무슨 일을 당할는지 알지 못하노라(행 20:22).

힘으로, 능으로, 깡으로, 돈으로 되는 세상이 아닙니다. 주의 힘으로 되기 때문에 우리는 오직 성령의 충만을 받아야 합니다.

다시 일어서게 하시다

그들이 와서 만군의 여호와 그들의 하나님의 전 공사를 하였으니(학 1:14b).

저는 본문이 우울증과 무기력함, 영적인 침체에 빠져 있는 이 시대에 주시는 말씀이라고 생각합니다. 다시 사역을 시작하라는 것입니다. 다시 가정을 세우라는 것입니다. 무엇보다 마음을 세워 나가라는 것입니다.

우리는 성화 중에 있습니다. 쉽게 말하면, 우리 삶은 아직도 공사 중이라는 것입니다. 그러다 보니 100퍼센트 완전한 사람은 없습니다. 따라서 우리는 계속해서 마음을 일으켜야 합니다. 가정과 교회의 믿음을 새롭게 회복해야 합니다. 히스기야 때에 그러했듯이 말입니다.

오늘날 많은 사람이 의욕을 잃고 주저앉아 있습니다. 이런 때일수록 우리는 창의적인 도전의식을 가지고 일어나 삶에 도전해야 합니다. 우리는 가정과 교회를 세우는 사람이 되어야지, 허무는 사람이 되어서는 안 됩니다.

어떤 글에서 "완벽이 아니라 완성이다"라는 문장을 읽은 적이 있습니다. 저는 사역자들에게 완벽한 것을 요구하지 않습니다. 완벽을 기하면서 자꾸 비판적인 삶을 살지 말고 완성체를 만들라고 요구합니다. 건물을 완성하고 공사를 마치라는 것입니다.

코로나가 장기화되면서 각자의 자리를 지키기가 무척이나 힘든 요즘입니다. 이러한 때에 당신의 신앙은 어디쯤에 서 있습니까? 당신의 마음은 현재 어느 정도까지 지어져 있습니까? 이스라엘 백성이 하나님의 감동을 받아 다시금 사역을 완성했듯이, 우리 또한 이 말씀을 붙잡고 우리 삶을 일으키는 승리하는 그리스도인이 되어야 할 것입니다.

코로나 이후 하나님으로부터 멀어진 마음을 회복하기 위해서는 어떤 노력이 필요합니까? 그 노력을 위해 취해야 할 것은 무엇이며, 버려야 할 것은 무엇입니까?

문제를 자꾸 문제 삼지 마십시오.
문제를 문제 삼으면 문젯거리밖에 안 되지만,
약속의 말씀을 붙들고 살아가면
그 말씀이 우리를 이끌고 갑니다.

내 아들아 그러므로 너는
그리스도 예수 안에 있는 은혜 가운데서 강하고
또 네가 많은 증인 앞에서 내게 들은 바를
충성된 사람들에게 부탁하라
그들이 또 다른 사람들을 가르칠 수 있으리라
너는 그리스도 예수의 좋은 병사로 나와 함께 고난을 받으라
병사로 복무하는 자는
자기 생활에 얽매이는 자가 하나도 없나니
이는 병사로 모집한 자를 기쁘게 하려 함이라
경기하는 자가 법대로 경기하지 아니하면
승리자의 관을 얻지 못할 것이며
수고하는 농부가 곡식을 먼저 받는 것이 마땅하니라
(딤후 2:1-6).

4 °

은혜를 넘치게 하는 '배가의 원리'

강한 용사는 은혜로 단련된다

본문은 우리를 향해 '은혜 가운데서 강해야 한다'고 말씀합니다. 그런데 은혜와 강함은 서로 대조되는 경향이 있습니다. '은혜'가 따뜻하고 부드러운 개념이라면, '강함'은 물리적으로 힘이 세다는 개념이라 할 수 있습니다. 우리는 이것을 어떻게 이해해야 할까요?

험한 세상을 이기며 살아가기 위해서는 우리에게 능력이 있어야 합니다. 이때 성도의 능력은 스스로 자가 발전되는 것이 아니라, 하나님이 위로부터 부어 주시는 은혜를 받을 때 채워집니다. 따라서 '은혜 가운데서 강하다'라는 개념은 그리스도인이 누릴 수 있는 힘의 특징으로 이해해야 합니다. 그렇다면 우리는 어떻게 해야 은혜 가운데서 강한 사람이 되어 현실을 잘 감당할 수 있을까요? 본문의 말씀을 통해 몇 가지 원리를 살펴보려 합니다.

아비와 어미의 마음을 가지라

본문 1절은 "내 아들아"라는 말로 시작됩니다. 흔히들 자식을 키워 봐야 부모 마음을 안다고 합니다. 나이가 들었다고 어른이 되는 것이 아닙니다. 자녀를 기르면서 경험하는 일들을 통해 비로소 부모의 마음을 조금씩 알아가게 되는 것입니다.

본문이 기록된 디모데후서는 사도 바울이 순교당하기 전에 마지막으로 기록한 서신서입니다. 바울이 자신의 영적 아들인 디모데에게 유언과도 같은 마지막 편지를 보낸 것입니다. 바울이 아비의 심정으로 디모데를 향해 "내 아들아"라고 부를 때 그 마음이 어땠을까요? 모르긴 몰라도 참으로 애틋했을 것입니다.

성경에는 아비의 마음을 이야기하는 많은 내용이 기록되어 있습니다. 그중 누가복음 11장에는 아비와 자식의 관계에 대한 예수님의 비유가 기록되어 있습니다.

> 너희 중에 아버지 된 자로서 누가 아들이 생선을 달라 하는데 생선 대신에 뱀을 주며 알을 달라 하는데 전갈을 주겠느냐 너희가 악할지라도 좋은 것을 자식에게 줄 줄 알거든(눅 11:11-13).

또 누가복음 15장에는 우리가 잘 아는 탕자의 비유가 기록되어 있는데, 이 비유의 주인공을 탕자가 아닌 탕자의 아버지로 본다면, 사람의 마음속에는 누구든지 탕자와 같은 기질이 있다는 것을 전제한다고 볼 수 있습니다. 탕자처럼 자기밖에 모르는 유치한 단계를 지나고, 그의 형과 같이 무늬만 그럴 듯하고 실제적으로는 심보가 고약한 단계를 졸업해서 아버지의 마음을 가지라는 것입니다. 아버지의 마음을 가지면 용서 못 할 것이 없습니다.

은혜에는 부드러운 개념이 있지만, 햇볕이 바람을 이기듯이, 하나님의 사랑이 모든 것을 변화시킵니다. 생각해 보십시오. 사람이 잔소리해서 바뀌는 경우는 거의 없습니다. 사랑과 인정을 듬뿍 받고 자란 아이들이 무한한 잠재력을 발휘하고, 믿음과 신뢰를 경험한 선수들이 자신의 기량을 마음껏 발휘합니다.

따라서 우리는 아비의 마음과 어미의 심정을 가져야 합니다. 그 마음을 가질 때 먼저는 우리 자신이 강해지고, 또 한편으로는 다른 사람도 강하게 품어 줄 수 있게 됩니다. 그럴 때 힘 있는 삶, 지치지 않는 인생을 살아갈 수 있습니다.

은혜의 흐름을 전하라

또 네가 많은 증인 앞에서 내게 들은 바를 충성된 사람들에게 부탁하라 그들이 또 다른 사람들을 가르칠 수 있으리라 (딤후 2:2).

예수님으로 말미암아 은혜 가운데서 변화된 바울은 디모데에게 '내게 들은 바를 충성된 사람들에게 부탁하라'고 당부합니다. 그러면 그들이 또 다른 사람들을 가르칠 수 있을 것이라고 이야기합니다. 바울은 지금 디모데에게 '배가의 원리'를 가르쳐 주고 있는 것입니다.

복 중에 최고의 복은 좋은 사람을 만나는 것입니다. 본문에 따라 이야기한다면 충성된 사람을 만나는 것입니다. 생각해 보십시오. 충성된 사람을 찾는 것이 얼마나 어렵습니까? 하나님이 붙여 주셔야 만날 수 있는 것입니다. 세월이 흘러갈수록 만남이 축복임을 알게 되는데, 내가 선택하고 결정한 사람보다 하나님이 강권적으로 붙여주신 사람 중에 귀한 일꾼이 많음을 보게 됩니다.

그 귀한 만남을 헛되게 여기지 마십시오. 하나님이 충성된 사람을 붙여 주셨다면, 우리는 그들에게 복음을 전하고 가르쳐야 합니다. 물론 사람은 가르친다고 바뀌는 존재는 아닙니다. 바뀌기 위해서는 먼저 하나님 앞에 은혜를 받아야 합니다. 하나님의 음성을 들어야 합니다. 하나님 앞에서 결단하고, 회개하고, 변화돼야 합니다. 그럼에도 전하고 가르쳐야 하는 것은, 듣지 않으면 하나님의 은혜를 알 수가 없기 때문입니다.

은혜 속에 강한 세 부류의 사람

그렇다면 은혜 속에 강하다는 것은 구체적으로 무엇을 말하는 것일까요? 본문은 세 부류의 사람을 소개합니다. '좋은 병사'와 '운동선수' 그리고 '농부'가 그들입니다.

좋은 병사

> 너는 그리스도 예수의 좋은 병사로 나와 함께 고난을 받으라 병사로 복무하는 자는 자기 생활에 얽매이는 자가 하나도 없나니 이는 병사로 모집한 자를 기쁘게 하려 함이라(딤후 2:3-4).

먼저, '그리스도 예수의 좋은 병사'라고 할 때 이들에게는 세 가지 특징이 있습니다. 첫째는, 주님과 함께 고난을 받는 것이고, 둘째는, 자기 생활에 얽매이지 않는 것이고, 셋째는, 병사로 모집하신 주님을 기쁘시게 하는 것입니다.

사랑하는 가족들과 격리된 채 특수한 조직 사회에 갇혀 통제를 받는 이들이 군인입니다. 군인은 그들의 삶 자체가 고난이라고 할 수 있습니다. 가고 싶은 데도 갈 수 없고, 하고 싶은 일도 마음대로 할 수 없습니다. 철저히 명령에 따라 움직이며 극한의 상황에 적응하는 훈련을 받습니다. 그러다가 작전 명령이 떨어지면 목숨을 걸고 적진으로 뛰어들어야 합니다.

저는 강원도 최전방에서 군대 생활을 했습니다. 한여름에도 내의를 입고 나가야 할 만큼 추위가 느껴지는 곳이었습니다. 밤새도록 서 있으면 몸이 그냥 얼어 버리기 일쑤였습니다. 그럼에도 불구하고 불침번을 서는 이유가 무엇입니까? 그래야 나라를 안전하게 지킬 수 있기 때문입니다. 우리는 달면 삼키고 쓰면 뱉는 유치한 수준을 벗어나야 합니다. 우리는 하나님에게 선택된 특공대입니다. 사관생도입니다. 하나님의 엄격한 훈련을 잘 통과해서, 이제는 고난을 두려워하지 않는 강한 용사의 모습으로 변화되어야 합니다.

사사기 6-7장에는 미디안 군대가 쳐들어와 전쟁이 벌

어지는 이야기가 기록되어 있습니다. 이때 하나님은 이스라엘 백성 중에 누구를 찾으십니까? 기드온입니다. 하지만 기드온은 용사가 아니었습니다. 실제로 그는 안 된다고, 못 하겠다고 말하며 하나님의 부르심을 여덟 번이나 거절했습니다. 그렇게 부인하던 기드온을 중심으로 군인들을 모집했는데, 상당수의 인원이 모였지만 하나님은 두려워 떠는 자들을 돌려보내셨습니다. 용사가 아니라는 것입니다. 그것으로도 부족해서 하나님은 시험을 통해 다 돌려보내고 300명만을 남겨 두셨습니다. 이 300명은 특공대가 아닙니다. 그냥 소수입니다. 미디안 군인의 수에 비하면 게임이 안 되는 숫자입니다. 그러나 하나님은 작은 자를 통해서 역사하십니다. 이때 한 가지 조건은, 두려워 떠는 자들, 비겁한 자들은 하나님의 역사에 참여할 수 없다는 것입니다.

우리는 험한 세상의 한복판에 살면서 자신도 모르게 지질해지고, 소심해지고, 위축되는 일들을 겪게 되곤 합니다. 세상으로 나아가는 것이 때로는 너무나도 무섭고 두렵습니다. 하지만 그럴수록 우리는 본문의 말씀을 붙잡아야 합니다. 그러면서 늘 스스로 다짐해야 합니다. "나는 그리스도의 강한 용사다!"라고 말입니다.

운동선수

경기하는 자가 법대로 경기하지 아니하면 승리자의 관을 얻지 못할 것이며(딤후 2:5).

은혜란 무엇입니까? 우리 마음이 아닌 하나님의 법(율법)대로 하는 것입니다. 순종하면 쓰임 받고, 지키고 행하면 복을 받는 것이 성경의 원리입니다. 사실 그렇습니다. 말씀에서 이탈하면 손해를 보는 것은 '나'입니다. 우리는 말씀 중심, 하나님 중심, 성경 중심, 교회 중심으로 중심을 잡아야 합니다.

육상이나 스케이팅 같은 경기를 본 적이 있을 것입니다. 아무리 일등으로 들어왔어도 비디오 판독을 통해 규칙을 어긴 것이 밝혀지면 실격을 당하는 경우를 종종 보게 됩니다. 1초도 안 되는 간발의 차이로 메달의 색깔이 달라지기에 반칙을 사용하고 싶은 유혹이 있을 것입니다. 하지만 대개의 경우는 피 말리는 연습의 과정을 통해 올림픽 메달의 꿈을 이루기 위해 평생을 준비하고 훈련해 나갑니다.

'프로'와 '아마추어'라는 말이 있습니다. '프로'란 "어떤 일을 전문적으로 하거나 그런 지식이나 기술을 가진 사람. 또는 직업 선수"를 뜻하고, '아마추어'란 "예술이나 스포츠, 기술 따위를 취미로 삼아 즐겨 하는 사람"을 뜻합니다(표준국어대사전). 하나님은 우리를 '아마추어'가 아닌 '프로'로 부르셨습니다. 하나님의 일은 취미 삼아 즐겨 할 수 있는 것이 아닌, 우리의 전부를 걸어야 하는 일이기 때문입니다. 우리의 생명까지도 말입니다.

지금까지 아마추어 같은 모습으로 신앙생활을 해 왔다면, 이제는 그 초보의 모습을 버리고 프로 운동선수와 같은 믿음을 가지십시오. 하나님의 말씀대로 살아갈 때, 그 법을 지키고 순종할 때, 우리는 반드시 은혜 속에 강한 자로 변화될 것입니다.

농부

수고하는 농부가 곡식을 먼저 받는 것이 마땅하니라(딤후 2:6).

저는 아버지가 농사짓는 것을 보면서 자랐습니다. 농부인 아버지를 보면서 깨달은 것은, 농부에게는 시간도, 컨디션이라는 개념도 없다는 것입니다. 해가 뜨면 나가서 짐승같이 일하고, 해가 지면 들어와 나무토막처럼 주무시는 일상의 반복이었습니다. 겨울철이라고 쉬는 법이 없습니다. 가지치기와 땅을 갈아엎는 작업들은 모두 겨울철에 진행되기 때문입니다.

이처럼 농사꾼들에게는 농한기가 없습니다. 사시사철 바쁜 이들이 농부입니다. 그렇게 살아야만 농사의 분야에서 전문가가 될 수 있습니다. 그런데 본문은 우리에게 농부의 마음을 가지라고 말씀합니다. 앞선 비유에 따르면 프로 의식, 군인 정신을 가지라는 것입니다. 생활에 매이지 말고, 변명하지 말고, 헛된 일에 빠지지 말고 이 세상을 살아가라는 것입니다.

하나님은 우리를 향해 말씀하십니다. "너는 이제 그리스도의 강한 용사다. 더 이상 패잔병 같은 짓은 하지 마라. 너는 이제 프로요, 메달리스트다. 더는 아마추어 같은 짓을 하지 마라. 너는 이제 그리스도의 농부요, 전문가다. 그러니 무슨 일을 맡기든지 감당해라."

묘목 시절을 거치지 않은 거목은 존재할 수 없듯이, 또한 유치찬란한 어린아이 시절을 거치지 않은 어른은 없는 것처럼, 신앙생활도 처음부터 잘할 수는 없습니다. 그저 하나님이 맡겨 주시는 일들을 그때그때 잘 감당하다 보면, 어느 순간 우리 믿음도 그만큼 자라게 되는 것입니다.

당신의 믿음은 어느 정도의 수준에 이르렀습니까? 은혜 속에 강한 믿음을 갖기 위해 오늘도 하나님의 말씀을 붙잡고 일어서는 하루가 되기를 바랍니다.

- 예수 그리스도의 좋은 병사는 '주님과 함께 고난을 받고, 자기 생활에 얽매이지 않으며, 병사로 모집하신 주님을 기쁘시게 하는 자'입니다. 당신은 예수 그리스도의 좋은 병사로서 주님과 함께 고난을 받고 있습니까? 자기 생활에 얽매이지 않고 있습니까? 주님을 기쁘시게 하고 있습니까?

오직 성령이 너희에게 임하시면
너희가 권능을 받고
예루살렘과 온 유대와
사마리아와 땅끝까지 이르러
내 증인이 되리라 하시니라
(행 1:8).

5°

'오직'으로 이룬 성령의 '두나미스'

사도행전적 교회는 복음으로 완성됐다

우리는 "성경으로 돌아가자"(Back to the Bible)라는 말을 자주 사용합니다. 성경의 기본으로 돌아가자는 것입니다. 헷갈릴 때일수록 기본으로 돌아가야 합니다. 혼란할 때일수록 원판을 찾아야 합니다.

사도행전은 초대 교회의 탄생과 성장을 기록한 책입니다. 창세기가 모든 것의 기원을 이야기한 책이라면, 신약성경의 유일한 역사서인 사도행전은 교회가 어떻게 태어나고 자랐는지를 이야기하고 있습니다. 예수님의 십자가와 부활 그리고 피 묻은 복음이 원색적으로 전파되는 이야기가 기록되어 있습니다.

그렇다면 사도행전 속에 나타난 성경적인 교회의 모습은 무엇일까요? 우리는 세월이 아무리 흘러도 변질되지 않는, 부패하거나 타락하지 않는 교회 본래의 영광과 복음의 정수를 회복해야 합니다. 그렇지 않으면 우리의 신앙은 금방 피로감에 물들거나 형식적인 매너리즘에 빠지게 돼 신앙생활이 겉돌기 쉽습니다. 사도행전에 나타나는 초대 교회의 원형적인 모습을 통해 주님에 대한 첫 사랑을 회복할 수 있기를 바랍니다.

성령의 인도하심을 구하라

예수님이 부활, 승천하시고 난 이후 120명이 마가의 다락방에 모여서 기도했습니다.

> 오로지 기도하기를 힘쓰니라(행 2:42).

이렇게 기도에 힘쓸 때, 성령이 임하시고 초대 교회가 탄생하게 됩니다. 교회 출범의 산파요, 교회가 태어나고 자라는 데 주연, 조연, 시나리오 작가, 무대 감독을 다 하시는 분이 바로 성령 하나님입니다. 본문의 시작도 "오직 성령이 너희에게 임하시면"입니다. 여기서 '오직'(Sola)은 종교 개혁자들이 외친 구호에 포함되어 있는 단어입니다.

오직 성경(Sola Scriptura)

오직 은혜(Sola Gratia)

오직 그리스도(Solus Christus)

오직 믿음(Sola Fide)

오직 하나님께 영광(Soli Deo Gloria)

이는 마음을 모으라는 것입니다. 마음을 다해 집중하라는 것입니다. 인간은 관심 분야에 따라 선택과 판단과 결정이 달라지기 때문에 마음을 모아 집중하는 것이 중요합니다.

오직 성령이 너희에게 임하시면(행 1:8a).

교회는 성령님이 임하실 때 비로소 시작됩니다. 사도행전을 흔히 '성령행전'이라고 하는데, 성령님이 하나님의 사람들을 감동시켜 변화를 일으킬 때 깡패 같은 사울이 바울이 되고, 허약하고 심약한 디모데가 초대 교회의 주역이 되었습니다. 이처럼 성령님이 만들어 가시는 것이 바로 교회의 역사입니다.

사람에 대한 모든 죄와 모독은 사하심을 얻되 성령을 모독하는 것은 사하심을 얻지 못하겠고(마 12:31).

하나님의 성령을 근심하게 하지 말라(엡 4:30a).

성령을 소멸하지 말며(살전 5:19).

사도행전부터 요한계시록까지, 아니 창세기부터 시대마다 쓰임 받은 사람들은 성령님과의 관계 속에서 살았습니다. 성령님이 견인해 간 사람들이 교회의 주역이 되었습니다. 우리가 교회의 주역이 되기 위해서는 성령님의 인도하심을 구해야 합니다.

누가복음 11장 9-10절은 이렇게 말씀합니다.

구하라 그러면 너희에게 주실 것이요 찾으라 그러면 찾아낼 것이요 문을 두드리라 그러면 너희에게 열릴 것이니 구하는 이마다 받을 것이요 찾는 이는 찾아낼 것이요 두드리는 이에게는 열릴 것이니라.

성경의 큰 원리가 바로 이것입니다. 우리는 성령님을 구해야 합니다. 찾아야 합니다. 두드려야 합니다. 우리가 기도할 때 하나님이 성령을 부어 주십니다.

성령보다 앞서지 말라

신앙생활의 첫 단추는 성령보다 앞서지 않는 것입니다. 무슨 말입니까? 기도할 때, 성령님이 역사하실 때 비로소 신앙생활이 본격적으로 가능해진다는 것입니다.

> 오직 성령이 너희에게 임하시면 너희가 권능을 받고(행 1:8a).

우리가 성령님보다 앞서면 반드시 문제가 생기게 되어 있습니다. 하나님의 일을 하는데 피곤한 이유가 무엇입니까? 내 힘으로 무엇인가를 하려고 하기 때문입니다. 내 힘으로 하려고 하기 때문에 일찍 한계가 느껴지는 것입니다. 우리는 아무것도 할 수 없는 연약한 존재입니다. 그런데 성경은 성령님이 임하실 때 우리가 권세와 능력을 받는다고 말씀합니다. 성령님이 우리를 견인해 가시는 것입니다. 그럴 때 약한 자가 강하게 되고, 무식한 자가 지혜롭게 되는 것입니다. 스스로 앞장서는 부분을 내려놓는 것이 바로 신앙생활의 시작입니다.

어니스트 시턴(Ernest Thompson Seten)이 발표한《내가 아는 야생 동물》이라는 책에 수록된 '늑대 왕 로보'라는 이야기가 있습니다. 내용은 이렇습니다. '로보'는 깊은 산중에서 수십 마리의 늑대 무리를 이끌고 살아가는 늑대 왕입니다. 로보는 사냥꾼이 놓은 덫과 미끼를 유유히 피할 정도로 지혜롭고 용맹한 늑대였습니다. 그러던 어느 날, 로보 앞에 하얗게 빛나는 털과 반짝이는 눈동자를 지닌 아름다운 늑대, 블랑카가 나타나 로보의 정신을 쏙 빼놓게 됩니다. 로보 외에 다른 늑대들은 덫이나 미끼를 피할 능력이 없어 어느 늑대도 로보보다 앞장서면 안 되는데, 아름다운 블랑카에게만은 그것이 허용됩니다. 그 결과 블랑카는 사냥꾼이 놓은 덫에 걸리게 되고, 분별력을 상실한 로보 역시 사냥꾼에게 잡혀서 죽고 맙니다. 결국 로보의 죽음은 늑대 무리의 멸망을 초래하게 되었습니다.

그리스도인도 마찬가지입니다. 모든 문제는 우리가 성령님보다 앞설 때 발생합니다. 교회는 성령의 임하심으로 탄생되었습니다. 성령의 감동을 입은 사람들이 나설 때 교회가 만들어지고 역사가 만들어집니다. 성령님이 임하실 때 발화점이 생기는 것입니다. 성령님이 사람의 마음을 움직이셔야만 그 마음에 감동이 일어 발동이 걸린다는 것입니다. 물의 온도가 100도씨에 다다라야 물이 끓듯이, 우리 마음이 성령으로 충만해야 그런 역사가 나타남을 기억하십시오. 우리의 힘으로, 능으로, 돈으로는 안 됩니다. 성령님이 역사하셔야 합니다. 그럴 때 그곳이 교회가 되고, 역사의 현장이 됩니다.

은혜가 흐르게 하라

예루살렘과 온 유대와 사마리아와 땅끝까지 이르러(행 1:8b).

초대 교회는 모이는 공동체, 흩어지는 한 사람이었습니다. 모여서 말씀 듣고, 기도하고, 찬송 부르고, 은혜 받은 후에 나가서 온 유대와 사마리아와 땅끝까지 이르러 복음을 전하는 것이 초대 교회의 모습이었습니다. 모여서 은혜 받고, 나가서 제자 삼는 것입니다.

우리는 우물 안에 있는 개구리가 되어서는 안 됩니다. 고인 물은 썩을 수밖에 없지만, 흐르는 물에는 생명이 있습니다. 이와 관련해서 저는 '몸부림'이라는 것을 자주 생각합니다. 하나님 앞에서 살아 보려고 몸부림을 치다 보면 길이 나오게 되어 있습니다. 역사를 생각해 보십시오. 우리는 촛대가 움직인다는 것을 기억해야 합니다. 축복권이 이동한다는 것을 생각해야 합니다.

남들보다 늦게 시작했음에도 사업이 번창하고 승승장

구하는 사람이 있는가 하면, 부모로부터 수많은 유산을 물려받았어도 어느새 그것을 다 까먹어 버리는 사람이 있습니다. 교회의 역사를 봐도 그렇습니다. 우리는 오랜 시간이나 규모를 자랑할 것이 아니라, 성령님의 역사를 자랑해야 합니다. 성령님이 역사하시면 촛대가 움직이고 축복권이 이동을 하기에 그렇습니다. 그래서 어떤 사람은 금방 일어나지만, 어떤 사람은 수년 내에 망하는 것입니다.

초대 교회 성도들은 모여서 은혜 받은 후 가만히 있지 않았습니다. 예루살렘에서 온 유대로, 사마리아로, 땅끝에 이르기까지 퍼져 나갔습니다. 조그마한 나비의 날갯짓이 바다에 폭풍을 일으키는 것처럼 세계 열방에 놀라운 역사가 일어난 것입니다.

이렇게 복음이 연쇄적으로 퍼져 나가는 역사처럼 사랑에도 연결 고리가 있습니다. 저는 성경에 기록된 사랑의 연결 고리의 핵심이 바로 이 말씀이라고 생각합니다.

> 예수께서 이르시되 네 마음을 다하고 목숨을 다하고 뜻을 다하여 주 너의 하나님을 사랑하라 하셨으니 이것이 크고 첫째 되는 계명이요 둘째도 그와 같으니 네 이웃을 네 자신같이 사랑하라 하셨으니 이 두 계명이 온 율법과 선지자의 강령이니

라(마 22:37-40).

사람이라면 누구든지 이기적이고 자기중심적인 면이 있습니다. 내 것, 내 몸, 내 가족을 챙기는 것이 본능입니다. 그런데 성경은 그와 같은 사랑을 흘려보내라고 말씀합니다.

신앙생활의 관건은 모여서 그저 즐겁게 살아가는 것이 아닙니다. 은혜 받으면 반드시 흩어져야 합니다. 사명자는 사명자의 길로 나서라는 것입니다. 광야로, 현장으로 나가라는 것입니다. '여기가 좋사오니' 하고 머물러 있지 말고 갈릴리 바다로 가라는 것입니다. 주님이 가라 하시면 어디든지 가야 하는 것입니다.

사람에게는 안정과 평안을 바라는 마음이 있습니다. 초대 교회 성도들 또한 크게 다르지 않았던 것 같습니다. 그러자 하나님이 판을 뒤엎어 주셨습니다. 사도행전 8장 1절을 보십시오.

그날에 예루살렘에 있는 교회에 큰 박해가 있어 사도 외에는 다 유대와 사마리아 모든 땅으로 흩어지니라.

그때 교회에 큰 환난과 박해가 일어났습니다. 그 결과

성도들이 예루살렘에서 안디옥으로, 안디옥에서 로마로 흩어졌습니다. 이로 인해 교회는 더욱 성장하고 부흥하게 되었습니다. 우리는 이 초대 교회의 흐름을 볼 수 있어야 합니다. 은혜의 자리에 머물러 있지 마십시오.

오늘날 이단들은 가짜를 진짜같이 믿고 가정도 팽개친 채 선교에 집중합니다. 그런데 그리스도인들은 진짜를 가짜같이 믿고 성장 동력을 상실한 채 무기력에 빠져서 꿈쩍을 안 하고 있습니다. 가서 제자 삼는 것도 없고, 밖에 나가 복음을 전하는 것도 없고, 그저 '여기가 좋사오니' 하며 즐겁게 현실을 유지하는 것에 만족해합니다. 그러다 신앙에 고비가 찾아오는 것입니다.

우리는 원형으로 돌아가야 합니다. 첫사랑을 회복해야 합니다. 교회의 영광을 회복해야 합니다. 성령님을 훼방하거나 제한하지 말고 그분이 무시로 역사하실 수 있도록 기도하고 찬송하면서 그 신앙의 원형을 회복해야 합니다.

예수 그리스도의 증인 된 삶을 살라

내 증인이 되리라 하시니라(행 1:8c).

본문에서 '증인이 되라'는 것은 예수님에 대해 듣고 본 것을 그대로 입증하라는 것입니다. 이때 '증인'이라는 단어 안에는 '순교자'라는 뜻이 들어 있습니다.

사도행전은 총 28장입니다. 사도행전의 마지막 장, 마지막 절이 말씀하는 사도행전의 결론은 무엇입니까?

> 하나님의 나라를 전파하며 주 예수 그리스도에 관한 모든 것을 담대하게 거침없이 가르치더라(행 28:31).

사도행전은 초라하게 끝나는 것 같지만, 박해로 인해 흩어진 초대 교회의 결국은 초라해 보이지만, 사실은 그렇지 않습니다. 로마 제국이 부패하고 타락해 갈 때 포로로 잡혀간 그리스도인들은 감옥에 갇혀 있어도 새털처럼 자유롭게 살았습니다. 사도 바울은 사방으로 욱여쌈을 당해도 예수 그리스도에 관한 모든 것을 담대하게 거침없이 가르쳤습니다.

로마 제국을 300년 안에 완전히 국교화시킨 것이 기독교입니다. '두나미스', 곧 복음의 능력입니다. 성령이 임하시면 무기력했던 사람이, 고약했던 사람이 땅끝까지 나아가게 됩니다. 주님이 말씀하실 때 가서 제자 삼는 사람은 복음의 유통자가 됩니다. 우리는 그리스도를 전하고 그 복음을 흘려보내야 합니다. 그럴 때 교회가 세워지고, 사람이 바뀌고, 가정이 변하고, 나라가 온전해지고, 문화가 일어나는 것입니다.

계속해서 강조하지만, 우리는 초대 교회의 원형적인 복음을 회복해야 합니다. 예수님의 십자가 보혈이 뚝뚝 떨어지는 그 원색적인 복음으로 돌아가야 합니다. 복음에는 능력이 있습니다. 복음이 들어오면 말씀을 들을 때, 기도할 때 성령이 임하셔서 그 능력을 통해 우리도 움직이게 됩니다. 땅끝까지 가서 복음을 전하는 것입니다. 그렇게 전하다 보면 교회가 세워지고, 이 땅이 고쳐지고, 변화가 일어나게 될 것입니다.

당신이 서 있는 곳이 선교지임을 기억하십시오. 당신이 하는 일이 선교이고, 당신이 바로 선교사요, 순교자임을 기억하십시오. 때로는 자존심이 무너지고 때로는 세상에서 외톨이가 되는 것 같지만, 사도 바울이 2년 동안 감옥에 갇혀 있으면서도 거침없이 담대하게 그리스도를 전하며 사도행전을 마무리했듯이, 우리도 사도행전 29장, 30장의 새 역사를 기록해 나가는 그리스도인임을 기억하십시오. 우리는 다시금 가슴 뛰는 신앙, 살아 있는 신앙을 회복해야 합니다. 초대 교회 같은 원형적인 신앙, 원색적인 복음을 가지고 주님 다시 오실 때까지 다시금 일어나는 역사가 있어야 합니다.

주여, 구원의 감격을 회복시켜 주옵소서!

주여, 영적인 피로감에서 벌떡 일어나게 해 주옵소서!

주여, 피 묻은 복음이 내 가슴을 진동하게 해 주옵소서!

- 당신은 그리스도의 증인 된 삶을 살고 있습니까? 살고 있다면, 계속해서 그 일을 기쁨으로 감당할 수 있게 해 달라고 성령님의 은혜와 능력을 구합시다. 만일 살고 있지 못하다면, 오늘부터 증인 된 삶을 살기로 결단하고 구체적인 계획을 세워 실천해 봅시다.

그들이 이 말을 듣고 마음에 찔려
베드로와 다른 사도들에게 물어 이르되
형제들아 우리가 어찌할꼬 하거늘 베드로가 이르되
너희가 회개하여 각각 예수 그리스도의 이름으로 세례를 받고
죄 사함을 받으라 그리하면 성령의 선물을 받으리니 이 약속은
너희와 너희 자녀와 모든 먼 데 사람 곧 주 우리 하나님이
얼마든지 부르시는 자들에게 하신 것이라 하고
또 여러 말로 확증하며 권하여 이르되
너희가 이 패역한 세대에서 구원을 받으라 하니
그 말을 받은 사람들은 세례를 받으매
이날에 신도의 수가 삼천이나 더하더라
그들이 사도의 가르침을 받아 서로 교제하고 떡을 떼며
오로지 기도하기를 힘쓰니라

(행 2:37-42).

6 °

회복을 위한 성령의 '첫 단추'

듣고 받은 말씀이 회복을 이룬다

사도행전에 기록된 초대 교회의 모습을 묵상하던 중 두 단어가 유달리 가슴에 와 닿았습니다. '듣고'와 '받고'가 그것입니다. 저는 이것이 초대 교회를 이루는 가장 중요한 핵심 단어라고 생각합니다.

말씀을 듣고 마음에 받아들이다

초대 교회 성도들은 말씀 앞에 어떻게 반응했습니까? 믿음은 들음에서 난다고 했으므로 듣는 순간에 어떻게 반응하느냐가 중요합니다. 똑같은 말씀에도 "쇠귀에 경 읽기" 하듯 반응하는 사람이 있는가 하면, 본문에서처럼 말씀이 그 가슴에 부딪혀서 가슴 깊이 찔리는 사람이 있습니다. 쉽게 말하면, 말씀이 감동을 일으킨다는 것입니다.

> 그들이 이 말을 듣고 마음에 찔려 베드로와 다른 사도들에게 물어 이르되 형제들아 우리가 어찌할꼬 하거늘(행 2:37).

본문은 베드로의 설교를 들은 사람들이 마음에 찔림을 받았다고 말씀합니다. 생각해 보십시오. 베드로는 무학(無學)입니다. 무식하고 논리가 없는 사람입니다. 그런 베드로가 설교를 하는데 사람들이 가슴 깊이 찔림을 받았습니다. 이는 아주 예민하게 반응과 감각이 나타났다는 것입니다. 무엇 때문입니까? 베드로의 설교가 들렸기 때문입니다. 그래서 잘 듣는 것이 중요합니다.

우리는 흔히 '사랑하면 들린다'고 이야기합니다. 자녀를 길러 본 사람이라면 알 것입니다. 아이가 밤중에 끙끙 앓으면 엄마 귀에는 그 소리가 벼락같이 큰 소리로 들리는 법입니다. 하나님의 말씀도 마찬가지입니다. 사랑하지 않으면 들을 수 없습니다. 혹시 말씀이 들리지 않습니까? 그렇다면 가장 먼저 하나님에 대한 사랑을 점검해야 합니다.

하나님이 입은 하나요, 귀는 두 개로 만드신 이유가 무엇일까요? 많이 듣고 적게 말하라는 것입니다. 사실 우리가 얼마나 말을 잘합니까? 귀는 막고 살아도 입은 막고 살 수 없는 것이 인간의 본성일 것입니다. 그렇지만 말하는 것보다 중요한 것은 듣는 것입니다. 일을 할 때 말귀를 못 알아듣거나 건성건성 듣고 핵심 파악을 못 할 때는 전혀 엉뚱한 결과가 나오는 것을 봅니다. 그 결과 오해가 빚어지기도 합니다. 소통이 안 되니 고통이 오는 것입니다.

본문의 사람들이 무식한 베드로의 설교를 듣고 거기서부터 역사가 달라지는 것을 봅니다. 믿음은 들음에서 나기 때문입니다. 성경은 듣는 것이 숫양의 기름보다 낫다고 말씀합니다.

> 순종이 제사보다 낫고 듣는 것이 숫양의 기름보다 나으니(삼상 15:22).

사람들이 베드로의 설교를 듣고 마음에 찔림을 받았습니다. 무슨 말입니까? 마음 깊은 곳까지 말씀이 영향력을 미쳤다는 것입니다. 그 마음 깊은 곳까지 말씀을 받아들였다는 것입니다.

누가복음 24장에 보면 예수님이 십자가에 달려 돌아가시고 난 뒤에 제자들이 큰 실망을 하고 고향으로 흩어지는 내용이 등장합니다. 두 제자가 낙심천만해서 터벅터벅 낙향 길에 있는데, 그때 부활하신 예수님이 나타나서 말씀을 풀어 주실 때 그들은 자신들의 마음이 뜨거워지는 것을 경험합니다.

> 그들이 서로 말하되 길에서 우리에게 말씀하시고 우리에게 성경을 풀어 주실 때에 우리 속에서 마음이 뜨겁지 아니하더냐 하고(눅 24:32).

이는 예수님이 말씀을 풀어 주실 때 그들 안에 은혜가 임했음을 뜻합니다. 성령이 가슴을 뜨겁게 하신 것입니다. 제자들의 식은 가슴에 불이 일어나 그 마음이 뜨거워진 것입니다. 히브리서 4장 12절은 이렇게 말씀합니다.

> 하나님의 말씀은 살아 있고 활력이 있어 좌우에 날 선 어떤 검보다도 예리하여 혼과 영과 및 관절과 골수를 찔러 쪼개기까지 하며 또 마음의 생각과 뜻을 판단하나니.

이처럼 복음이 들어가면, 말씀이 들어가면 사람이 뒤집어집니다. 사람이 찔려 쪼개지기까지 폐부 깊숙한 곳에 진통을 일으키는 것입니다. 이렇게 말씀이 쓰나미처럼 밀려올 때 "우리가 어찌할꼬" 하는 결과가 나타나는 것입니다. 순종이 제사보다 낫고 듣는 것이 숫양의 기름보다 나은 이유가 바로 이것입니다.

왜 듣는 것이 중요한가

우리는 무엇보다 말씀에 집중해야 합니다. 말씀에 집중하기 위해서는 일주일 동안 예배를 준비하는 과정이 필요합니다. 맑은 정신으로 말씀에 집중할 수 있도록 6일 동안 예배를 준비하는 것입니다. 우리는 예배 한 시간에 우리의 사활을 걸어야 합니다. 예배에 성공할 때, 말씀을 들을 때 하나님의 본심과 그분의 뜻을 붙잡을 수 있기에 그렇습니다.

예수님의 삶을 보십시오. 예수님은 이 땅에 오신 후 30년 동안은 어떠한 기적도 행하지 않고 가만히 침묵하다가 서른 살에 이르러서야 세례를 받고 당신의 사역을 시작하셨습니다. 이때 중요한 것은 바로 이 장면입니다. 예수님이 세례를 받고 물에서 올라오실 때 하늘이 열리고, 성령이 임하고, 하늘로부터 소리가 들렸습니다.

하늘로부터 소리가 있어 말씀하시되 이는 내 사랑하는 아들이요 내 기뻐하는 자라 하시니라(마 3:17).

예수님의 공생애 사역은 하늘의 소리를 들으신 후에야 비로소 시작되었습니다. 이처럼 듣는 것이 우선입니다. 우리는 하나님의 명령을 들어야 합니다.

성경에 보면 유달리 청음 능력이 발달된 사람이 있습니다. 눈을 들어 산을 바라보았던 사람, 산과 들에서 양을 치면서 수많은 노래를 지어 불렀던 사람, 바로 다윗입니다. 다윗과 골리앗의 전쟁을 보십시오. 골리앗이 40일 동안이나 아침저녁으로 나타나서 이스라엘 백성을 조롱하는데 왕이나 다른 사람들은 꿈쩍을 안 합니다. 그런데 다윗에게는 이 소리가 어떻게 들렸습니까?

이 할례 받지 않은 블레셋 사람이 누구이기에 살아 계시는 하나님의 군대를 모욕하겠느냐(삼상 17:26).

그 골리앗의 소리가 폐부 깊숙이 들어와 다윗의 가슴에 의분을 일으켰습니다. 그 결과 그는 갑옷도 없이 달려 나가 매끄러운 돌 하나로 골리앗을 한 방에 해치워 버렸습니다.

또한 다윗의 음악적 재능이 얼마나 뛰어났던지, 그가 수금을 연주하면 사울 왕의 정신병이 치료될 정도였습니다.

> 하나님께서 부리시는 악령이 사울에게 이를 때에 다윗이 수금을 들고 와서 손으로 탄즉 사울이 상쾌하여 낫고 악령이 그에게서 떠나더라(삼상 16:23).

그는 따로 음악을 공부한 적이 없었습니다. 무학인 베드로가 설교할 때 사람들의 마음이 찔린바 되었듯이, 다윗이 연주할 때, 그가 노래하고 춤출 때 하나님을 감동시켜 드리는 은혜가 나타난 것입니다.

베다니의 마리아는 주님의 발 앞에 앉아서 주의 말씀 듣기를 좋아했던 여인입니다. 그런 마리아에 대해 주님은 이렇게 말씀하셨습니다.

> 마리아는 이 좋은 편을 택하였으니 빼앗기지 아니하리라(눅 10:42).

일하고 활동하는 것보다 중요한 것은 말씀을 듣는 것입니다. 달력을 보십시오. 일주일의 시작은 월요일이 아닙니다. 일요일(주일)입니다. 주일에 먼저 말씀을 듣고 충전한 다음 월요일부터 나가서 일하는 것입니다. 말씀을 듣는 데서 실패하면 첫 단추부터 잘못 끼워진 것입니다.

어떻게 받아들여야 하는가

말씀을 듣는 것도 중요하지만, 들은 말씀을 어떻게 받아들여야 하는지도 중요합니다. 이는 우리의 반응이 어떠해야 하는지를 뜻합니다.

오랜 세월 신앙생활을 하다 보면 우리도 모르는 사이에 매너리즘에 빠져 예배를 의무적으로 또는 액땜을 하듯 드리는 경우가 있는데, 그래서는 안 됩니다. 예배는 준비되고 사모하는 마음으로 드려야 합니다. 그렇게 영과 진리로 예배할 때 하나님의 말씀이 우리 마음을 움직이는 것입니다. 우리 마음에 감동과 설렘을 만들어 주는 것입니다. 설렘이 없는 인생에는 감동도, 감격도 없습니다. 아무런 감각이 없는 것, 이것이 무서운 것입니다.

본문에서 계속 강조되는 단어가 있습니다. '받다'입니다. 얼마나 강조하는지 여섯 번이나 나옵니다. '세례를 받고'(38절), '죄 사함을 받으라'(38절), '성령의 선물을 받으리니'(38절), '구원을 받으라'(40절), '그 말을 받은 사람들'(41절), '가르침을 받아'(42절). 이렇게 말씀을 듣고 받을 때 회개하고, 반응하고, 돌이키고, 결단하게 되는 것입니다. 그렇게 주님 앞에 엎드려 울면서, 또 주님 앞에 기도하면서 은혜의 물결, 성령의 물결이 교회를 세우고 사람들을 새롭게 하는 것입니다.

몇 해 전, 철원에 위치한 대한민국 개신교 최초의 수도원인 '대한수도원'을 방문한 적이 있습니다. 그곳에서 눈에 띈 것은 수도원의 재건자이자 평생 원장인 전진 목사의 삶과 업적이 담긴 책이었습니다. 무엇보다 《눈물이 강이 되고 피땀이 옥토 되어》(은혜기획)라는 책 제목이 제 마음에 감동으로 다가왔습니다. 그분이 그곳에 엎드려 얼마나 울었으면, 한탄강의 절반이 원장님의 눈물이라는 것입니다. 눈물이 강이 되고, 그의 피땀이 옥토가 되도록 기도원 운동과 부흥에 앞장섰다는 것입니다. 사실 만사가 그렇습니다. 부모의 눈물이 강이 되고, 부모의 피땀 어린 노력이 옥토가 된 곳에서 우리 자녀들이 살아가는 것 아닙니까? 성도들의 눈물이 교회를 세우는 것 아닙니까?

눈물의 반응이 언제 일어납니까? 말씀을 듣고 반응할

때 일어납니다. 말씀을 들을 때 회개하고 돌이켜 울고 부르짖어 기도하는 흐름이 생기는 것입니다.

> 너희가 회개하여 각각 예수 그리스도의 이름으로 세례를 받고 죄 사함을 받으라 그리하면 성령의 선물을 받으리니 … 너희가 이 패역한 세대에서 구원을 받으라(행 2:38, 40).

성경은 죄가 더한 곳에 은혜가 더욱 넘쳤다고 말씀합니다(롬 5:20). 베드로의 설교를 들은 사람들은 자신들의 죄가 큰 만큼 그것을 해결할 수 있는 방법을 들으면서 더 큰 은혜를 경험하게 된 것입니다. 이렇게 구원받은 자들, 곧 예수 그리스도를 받아들인 자들은 하나님의 자녀가 되는 상속권을 얻게 됩니다.

> 영접하는 자 곧 그 이름을 믿는 자들에게는 하나님의 자녀가 되는 권세를 주셨으니(요 1:12).

바다가 넓은 이유는 빗물, 냇물, 오수 및 폐수를 모두 받아들이기 때문입니다. 그렇기에 온갖 물고기들이 살아갈 수 있는 것입니다. 우리 마음도 이러해야 합니다. 마음을 넓게 가져 모든 사람을 포용할 수 있어야 합니다.

우리가 신앙생활을 할 때 순수 복음, 오직 예수, 거룩과 성결 등을 외치다 보면 우리도 모르는 사이에 사람이 율법적으로 변할 수 있습니다. 신앙의 결벽증 또는 완벽주의로 흘러가는 것입니다. '완벽주의와 결벽증은 정신병의 시초'라는 말이 있습니다. 싫은 것도 많고, 더러운 것도 많고, 눈 뜨고 못 보는 것도 많으면 그때부터 사람이 이상해지기 시작하는데, 매사에 과민하거나 신경질적으로 변하게 됩니다. 이것이 바로 병적인 모습이라는 것입니다.

초대 교회는 각처에서 별별 사람들이 다 모였음에도 아름다운 공동체를 이루었습니다. 서로를 있는 모습 그대로 받아 주었기 때문입니다. 받아 주고, 들어 주고, 용납하는 것이 초대 교회의 모습이었습니다. 마치 바다가 육지에서 흘러온 모든 물을 받아들이듯이 말입니다.

고인 물은 썩지만, 흐르는 물은 썩지 않습니다. 바다는 끊임없이 밀물과 썰물이 부딪쳐 오기에 변질되지 않는다고 합니다. 우리 인생도 마찬가지입니다. 인생이 조용하고 순적하고 원만하게 살아지면 좋을 것 같지만, 만사가 형통하고 모든 것이 원만한 사람은 없습니다. 집안에 기도 제목 하나 없는 사람이 있습니까? 기도 제목이 없다면 그는 사람이 아닐 것입니다. 하지만 그런 인생의 문제들이 우리를 겸손하게 만들고 부르짖어 기도하게 만들기 때문에, 우리는 이것을 고난이 아닌 복으로 받아야 합니다. 우리는 이러한 과정을 통해 하나님의 사람으로 만들어져 갑니다.

바다가 변질되지 않는 또 하나의 이유가 있는데, 바로 소금입니다. 바다의 염분은 3퍼센트 정도인데, 이 적은 염분이 바다를 변질되지 않게 해 준다고 합니다. 우리가 하나님을 100퍼센트 닮을 수는 없습니다. 이는 베드로도 마찬가지였습니다. 하지만 사람들이 허물이 많고 무식한 베드로의 설교를 받아들일 때 역사가 일어났습니다.

당시 예루살렘 시민이 2만 명 정도 되었다고 할 때 3천 명이 회개했다는 것은 놀라운 일이 아닐 수 없습니다. 그 회개로 도시의 흐름이 달라지기 때문입니다. 어떻게 이 일이 가능하게 된 것입니까? 말씀을 듣고 받았기에 가능했습니다. 그로 인해 울며 회개하고, 세례 받고, 성령 받고, 은혜 받고 충만하니 달라진 것입니다. 그 결과 '유무상통'(有無相通)하는 아름다운 초대 교회의 모습이 나타나게 된 것입니다.

믿는 사람이 다 함께 있어 모든 물건을 서로 통용하고 또 재산과 소유를 팔아 각 사람의 필요를 따라 나눠 주며 날마다 마음을 같이하여 성전에 모이기를 힘쓰고 집에서 떡을 떼며 기쁨과 순전한 마음으로 음식을 먹고 하나님을 찬미하며 또 온 백성에게 칭송을 받으니 주께서 구원받는 사람을 날마다 더하게 하시니라(행 2:44-47).

귀가 열리고, 눈이 열리고, 영이 열리자 전도의 문이 열렸습니다. 그 결과 주님이 구원받는 사람을 날마다 늘어나게 해 주셨습니다. 말씀에 반응하고, 집중하고, 예배에 우선순위를 두면 반드시 변화가 일어납니다. 할렐루야!

말씀을 듣고 마음에 받아들인 결과 삶에 변화가 일어났던 경험이 있습니까? 있다면, 그 변화는 구체적으로 어떤 것입니까?

가정을 지키고 가족을 사랑하는 것은
하나님이 명령하신 필수 사명입니다.
우리는 가정이 물 댄 동산같이 되어
하나님의 은혜가 흘러넘치고 하나님의 사랑이
샘물처럼 거침없이 흘러가게 해야 합니다.

2부

성도와 가정의 회복

삶의 자리가 회복될 때 가정은 살아난다

여호와께서 모세에게 말씀하여 이르시되
아론과 그의 아들들에게 말하여 이르기를
너희는 이스라엘 자손을 위하여 이렇게 축복하여 이르되
여호와는 네게 복을 주시고 너를 지키시기를 원하며
여호와는 그의 얼굴을 네게 비추사 은혜 베푸시기를 원하며
여호와는 그 얼굴을 네게로 향하여 드사
평강 주시기를 원하노라 할지니라 하라
그들은 이같이 내 이름으로 이스라엘 자손에게 축복할지니
내가 그들에게 복을 주리라
(민 6:22-27).

1 °

길과 진리와 생명으로 오신 '로고스'

말씀으로 제사장적 축복을 받으라

사람에게는 저마다 각자의 자리가 있습니다. 그 자리가 사람을 만들기도 하고, 망치기도 합니다. 어떤 사람은 자리를 지키려다가 생명을 잃기도 하고, 어떤 사람은 남의 자리를 탐하다가 실패하기도 하고, 어떤 사람은 차라리 그 자리에 없었으면 좋을 뻔했다고 생각되기도 합니다. 위치 선정, 자리 잡음이 중요하다는 이야기입니다. 그런 의미에서 시편 1편의 복 있는 사람은 자리를 잘 잡은 사람입니다. 그는 "악인들의 꾀를 따르지 아니하며 죄인들의 길에 서지 아니하며 오만한 자들의 자리에 앉지"(시 1:1) 않았습니다.

하나님은 우리 각 사람에게 자리를 맡겨 주셨습니다. 우리는 그것을 '사명'이라고 부릅니다. 사명을 받은 성도의 타이틀은 세 가지입니다. 첫째는 구도자, 둘째는 예배자, 셋째는 전도자입니다.

첫째, 구도자는 진리를 따라가는 사람입니다.

> 진리를 알지니 진리가 너희를 자유롭게 하리라(요 8:32).

사람은 큰 깨달음이 왔을 때, 큰 은혜를 받았을 때 모든 것이 해결되는 경우가 있습니다. 그래서 우리는 진리를 따라가는 구도자가 되어야 합니다.

둘째, 예배자는 영과 진리로 하나님에게 예배드리는 사람입니다.

> 하나님은 영이시니 예배하는 자가 영과 진리로 예배할지니라(요 4:24).

그리스도인의 아름다운 타이틀이 바로 이것입니다.

셋째, 전도자는 복음을 전하는 사람입니다.

> 너는 말씀을 전파하라 때를 얻든지 못 얻든지 항상 힘쓰라(딤후 4:2).

우리가 어떤 직업을 가지고 있든지 우리의 본업은 복

음을 전하는 것입니다. 하나님 나라와 그분의 의를 구하는 것이 우리의 본업이기 때문에 우리가 가진 직업은 부업이 됩니다. 본업에 성공한 사람이 부업도 신바람 나게 할 수 있음을 기억하십시오.

하나님이 기뻐 받으시는 제사를 드리라

성경에는 선지자와 제사장이라는 두 직분이 자주 등장합니다. 이들의 차이는 무엇입니까? 선지자는 하나님의 말씀을 듣고 그 말씀을 백성에게 그대로 전달하는 사람입니다. 제사장은 자신의 죄를 포함한 백성의 죄를 가지고 하나님 앞에 나아가 죄 사함을 받는 역할을 하는 사람입니다. 하나님은 말씀을 통해서 우리에게 오시고, 사람들은 제사(예배)를 통해서 하나님 앞에 나아가는 것입니다.

그렇다면 오늘 우리에게 제사장은 무엇입니까? '만인제사장'이라는 말이 있습니다. 우리 모두가 제사장이라는 것입니다. 성경 최초의 형제인 가인과 아벨을 보십시오. 가인은 장남이었지만 제사를 잘못 드려서 망한 반면, 아벨은 둘째였지만 제사를 잘 드렸기에 하나님이 그의 예물과 제사를 기쁘게 열납하셨고, 훗날 그의 이름이 히브리서 11장의 믿음의 영웅들 목록에 1순위로 등장하게 되었습니다.

> 믿음으로 아벨은 가인보다 더 나은 제사를 하나님께 드림으로 의로운 자라 하시는 증거를 얻었으니 하나님이 그 예물에 대하여 증언하심이라 그가 죽었으나 그 믿음으로써 지금도 말하느니라(히 11:4).

제사장의 기원은 모세의 형, 아론이 시작입니다. 백성이 불평할 때 하나님이 열두 지파의 지팡이 중 아론의 지팡이에서만 움이 돋고 순이 나고 꽃이 피어 살구 열매가 맺히게 하십니다. 이 아론의 싹 난 지팡이가 하나님이 아론과 함께하신다는 강력한 증거가 되었습니다. 그렇게 아론이 초대 제사장이 되었습니다. 그리고 그의 후손들이 대를 이어 제사장의 직분을 감당하게 되었습니다.

하나님 앞에 나아갈 때는 정한 규례대로 행하는 것이 중요합니다. 노아가 방주를 만들 때, 모세가 성막을 지을 때를 보십시오. 사람이 편리한 대로 만들거나 짓지 않습니다. 하나님이 명령하신 그대로 지은 것이 방주요, 성막이듯이, 제사(예배)는 우리 마음대로 하는 것이 아닙니다.

철저히 하나님의 말씀대로 해야 합니다.

성경에 제사를 잘못 드려서 망한 대표적인 사람이 바로 사울입니다. 그렇게 겸손했던 그가 제사장만이 집례할 수 있는 제사를 드려 버렸습니다. 또한 훗날 다윗을 도와준 제사장 아히멜렉 외 85명을 몰살시켜 버렸습니다. 무엇이 문제였을까요? 두 가지입니다. 첫째는, 사울이 하나님에게 제사드리는 것을 가볍게 생각했다는 것입니다. 이는 하나님에 대한 불경죄에 해당합니다. 둘째는, 제사를 집례하는 제사장들을 죽여 버림으로써 하나님에게 여쭐 수 있는 채널을 없앴다는 것입니다. 이러한 이유로 그는 망하고 말았습니다.

> 여호와께 묻지 아니하였으므로 여호와께서 그를 죽이시고 그 나라를 이새의 아들 다윗에게 넘겨주셨더라(대상 10:14).

이런 사울과 대조적인 인물이 다윗입니다. 다윗은 많은 약점과 허물을 가졌음에도 불구하고 하나님을 찬양하고 예배하는 일에 집중하는 사람이었습니다.

> 나의 힘이신 여호와여 내가 주를 사랑하나이다(시 18:1).

그는 평생 하나님의 성전을 짓기 위해 많은 준비를 했던 사람입니다. 뿐만 아니라 틈만 나면 시편을 기록하고, 노래를 부르고, 악기를 연주하고, 춤을 추고, 예배에 집중했습니다. 다윗이 왜 전쟁에서 백전백승했을까요? 다윗은 전쟁에 나갈 때마다 반드시 제사장을 통해 하나님의 뜻을 물어보는 사람이었기 때문입니다. 사울은 하나님에게 물을 수 있는 제사를 소홀히 한 반면, 다윗은 틈만 나면 하나님에게 찬양과 경배를 올려드리는 것이 두 왕의 결정적인 차이였습니다.

완전한 왕, 완전한 선지자, 완전한 제사장

구약성경에 보면 기름을 부어 세우는 직분이 셋 있는데, 왕, 선지자, 제사장이 그들입니다. 여기서 '기름 부음을 받은 자'라는 말이 바로 '그리스도'의 뜻입니다.

구약의 왕이나 선지자나 제사장은 다 부족한 사람입니다. 우리가 다윗을 성군이라고 하지만, 다윗은 사실 큰 죄를 지은 사람입니다. 제사장도 선지자도 모두 허물이 큰 사람입니다. 그런데 '그리스도'이신 예수님이 부족한 다윗의 자손으로 오셨습니다. 오리지널 만왕의 왕으로 오셔서 우리를 영원토록 다스리십니다.

> 예수께서 이르시되 내가 곧 길이요 진리요 생명이니 나로 말미암지 않고는 아버지께로 올 자가 없느니라(요 14:6).

또한 예수님은 당신이 곧 길이요, 진리요, 생명이라고 말씀하셨습니다. 진리, 곧 로고스(말씀, logos)이신 그분이 육신이 되어 우리 가운데 거하십니다. 완전한 선지자이신 예수님을 믿으면 영광을 보게 되는 것입니다.

또한 예수님은 성령으로 잉태되어 죄가 없으심에도 우리의 모든 죄와 허물을 홀로 담당하고 세상 죄를 지고 가는 하나님의 어린양이 되시어, 하나님과 우리 사이를 완전히 회복시켜 화목하게 하셨습니다.

> 그가 찔림은 우리의 허물 때문이요 그가 상함은 우리의 죄악 때문이라 그가 징계를 받으므로 우리는 평화를 누리고 그가 채찍에 맞으므로 우리는 나음을 받았도다(사 53:5).

이처럼 완전한 왕, 완전한 선지자, 완전한 제사장이 되신 유일한 분이 예수님입니다.

영성과 야성과 정성으로 예배하라

제사(예배)에는 세 가지가 있어야 합니다. 영성, 야성, 정성이 그것입니다.

영성: 하나님이 기뻐 받으셔야 합니다. 하나님에게 영광이 되는 예배여야 합니다.

야성: 예배가 살아 있어야 합니다. 성령님이 춤추시는 살아 있는 예배여야 합니다.

정성: 예배에는 정성을 들여야 합니다.

본문은 '제사장의 축복'을 기록하고 있습니다. 제사장의 축복이란 무엇입니까? 이것을 오늘의 언어로 표현한다면, '성도는 제사장적인 존재감을 가지고 살아야 한다', '성도는 제사장적인 선포와 제사장적인 축복 기도를 해야 한다'라고 말할 수 있을 것입니다.

교회는 예수 믿는 사람들이 모인 곳, 곧 예배 공동체입니다. 그리고 성도는 만인제사장입니다. 우리 모두는 하나님의 거룩한 제사장이라는 것입니다. 따라서 성도라면 이 패역한 세대를 향해 하나님의 뜻을 선포하고, 고통당하는 백성에게 예수님을 소개하는 제사장적인 선포, 제사장적인 기도를 해야 합니다.

믿음의 선배들은 예배에 목숨을 걸었습니다. 그리스도인에게는 예배가 생명이기 때문에 우리의 몸을 거룩한 산 제물로 드리는 것입니다.

> 다니엘이 이 조서에 왕의 도장이 찍힌 것을 알고도 자기 집에 돌아가서는 윗방에 올라가 예루살렘으로 향한 창문을 열고 전에 하던 대로 하루 세 번씩 무릎을 꿇고 기도하며 그의 하나님께 감사하였더라(단 6:10).

왕의 도장이 찍혀 있다는 것은 그것이 법이라는 것입니다. 법을 어기면 사자 굴에 던져져 죽임을 당할 것을 뻔히 알면서도 방향을 찾아 기도하는 것이 다니엘의 신앙이었습니다.

코로나 시대에 예배 한번 드리는 것이 얼마나 어려운지를 절감하고 있는 요즘입니다. 많은 사람이 고통을 당하고 있습니다. 제사장의 주업은 성전을 돌보고 제사를 드리는 것입니다. 예배당에 다 같이 모여 영과 진리로 예배할 수 있는 날이 속히 오기를 소망합니다.

복 주기를 원하시는 하나님

본문은 제사장의 축복인데 매 구절마다 하나님이 나옵니다. 그것은 때마다, 일마다 이스라엘 백성의 삶 속에 간섭하시겠다는 것입니다. 이스라엘 백성의 복이 어디서부터 시작되었습니까? 하나님에게서부터 시작되었습니다. 하나님으로 말미암고 하나님에게로 돌아간다는 것입니다. 이제 얼마 후면 시내 산에서 율법을 받고 광야 생활을 시작할 텐데, 하나님이 어떻게 이스라엘 백성에게 복을 주실 것인지, 어떻게 공급하고 인도해 주실 것인지에 대한 말씀인 것입니다.

> 여호와는 네게 복을 주시고 너를 지키시기를 원하며 여호와는 그의 얼굴을 네게 비추사 은혜 베푸시기를 원하며 여호와는 그 얼굴을 네게로 향하여 드사 평강 주시기를 원하노라 할지니라 하라 그들은 이같이 내 이름으로 이스라엘 자손에게 축복할지니 내가 그들에게 복을 주리라(민 6:24-27).

저는 본문을 보면서 하나님의 본심은 저주가 아니라 축복임을 다시금 깨닫습니다. 이 어려운 지경에, 이 고통의 때에 하나님은 제사장들을 통해 축복의 말씀, 위로의 말씀을 주고 계시는 것입니다. 우리도 마찬가지입니다. 우리는 어떤 경우에라도 쓴물을 흘려보내지 말고 단물, 곧 위로의 말씀, 축복의 말씀을 흘려보내야 할 것입니다.

여호와는 네게 복을 주시고 너를 지키시기를 원하며(민 6:24).

위의 구절은 축복의 대상이 단수로 되어 있습니다. 만왕의 왕이요, 우주 만물을 통치하시는 하나님이 일대일로 지키고 복을 주겠다고 말씀하십니다. 이때 하나님이 복을 주시는 방법은 당신의 얼굴을 우리를 향해 들고 그 얼굴의 빛을 비추어 주시는 것입니다. 당신의 치료의 광선을 발해 주시는 것입니다. 하나님은 그렇게 '은혜'와 '평강'을 베풀어 주십니다. 여기서 얼굴이란 사랑의 눈길을 뜻합니다. 사랑하기에 눈이 가는 것입니다.

은혜는 몸이 성하고 일이 잘되고 자식이 잘 자라는 것과 같은 눈에 보이는 축복을, 평강은 근심이 없고 속이 편하고 단잠을 자는 것과 같은 눈에 보이지 않는 축복을 뜻합니다. 특별히 죽음을 이기고 부활하신 예수님이 제자들에게 나타날 때마다 하셨던 말씀이 바로 은혜와 평강이었습니다. 이것은 예수님만이 주실 수 있는 샬롬이기 때문입니다.

너희에게 평강이 있을지어다(눅 24:36)

평강이 없고 은혜가 고갈된 이 시대에 하나님은 제사장들을 통해 선포하기 원하십니다. 구도자요, 예배자요, 전도자인 우리는 제사장적인 존재로서 제사장적인 선포를 해야 합니다. 우리는 예배를 멸시한 사울 왕의 말로를 따라서는 안 됩니다. 여러 허물이 있었음에도 불구하고 예배와 찬양을 회복한 다윗처럼 이 어려운 시대에 제사장적인 존재감을 가지고 살아야 합니다. 그렇게 살아갈 때 우리의 가정과 직장까지도 복을 받을 것입니다.

제사장적인 존재로서 제사장적인 선포와 제사장적인 축복을 하십시오. 하나님이 은혜와 평강을 넘치도록 부어 주실 것입니다.

당신의 사명은 무엇입니까? 그 일을 당신의 사명으로 생각하는 이유는 무엇입니까? 그 일을 통해 하나님이 영광 받고 계십니까?

하나님은 우리 각 사람에게
자리를 맡겨 주셨습니다.
우리는 그것을 '사명'이라고 부릅니다.
사명을 받은 성도의 타이틀은 세 가지입니다.
첫째는 구도자, 둘째는 예배자,
셋째는 전도자입니다.

그러므로 형제들아
내가 하나님의 모든 자비하심으로 너희를 권하노니
너희 몸을 하나님이 기뻐하시는 거룩한 산 제물로 드리라
이는 너희가 드릴 영적 예배니라
너희는 이 세대를 본받지 말고
오직 마음을 새롭게 함으로 변화를 받아
하나님의 선하시고 기뻐하시고
온전하신 뜻이 무엇인지 분별하도록 하라
(롬 12:1-2).

몸과 마음과 영혼의 회복을 위한 '3V'

영혼도 건강할 때 지킬 수 있다

우리 삶에서 중요한 것은 우리의 몸과 마음과 영혼의 건강입니다. 셋 중 어느 하나도 소홀할 수 없는 것은, 몸이 건강해야 마음이 건강하고, 마음이 건강해야 영혼이 잘 될 수 있기 때문입니다. 생각해 보십시오. 몸이 아프면 사람이 만사가 귀찮아집니다. 마음이 병들어 있거나 상처를 받으면 정상적인 생활을 하기가 힘이 듭니다. 무엇보다 영혼이 병들면 속수무책이 됩니다. 그렇다면 어떻게 해야 몸과 마음과 영혼이 같이 건강한 삶을 살 수 있을까요?

하나님의 말씀을 가까이하라

우리의 몸과 마음과 영혼은 아주 밀접하게 연관되어 있

습니다. 우리의 몸은 성령님이 거하시는 전(殿)이기 때문에, 우리 몸에 문제가 생기면 결국은 영적으로도 문제가 발생하게 됩니다. 그러므로 몸과 마음을 튼튼히 유지해야 합니다. 그로 인해 영혼의 건강을 확보해야 합니다. 이것이 우리가 건강한 삶을 살아가는 방법입니다.

> 사랑하는 자여 네 영혼이 잘됨같이 네가 범사에 잘되고 강건하기를 내가 간구하노라(요삼 1:2).

중요한 것은 영성입니다. 동물과는 달리 사람은 영적인 존재이기 때문에 영성을 갖춰야 합니다.

몇 해 전, '본죽' 대표 최복이 권사님을 초청해 간증 집회를 연 적이 있습니다. 그분은 간증을 통해 하나님과의 거리가 얼마나 중요한지를 강조했습니다. 하나님에게 가까이함이 복이 되기 때문에, 하나님과 멀어지고 그분과의 친밀 지수에 문제가 생기면 사달이 난다는 것입니다.

그렇습니다. 우리는 의도적으로 하나님을 가까이해야 합니다. 성도의 삶은 하나님 중심, 성경 중심, 교회 중심으로 그 축이 잘 잡혀 있어야 합니다. 그러기 위해 필요한 것이 바로 영적 예배입니다.

사람들과 이야기를 나누다 보면 하나님의 말씀이 삶에

완전히 녹아들어 있는 모습이 무엇인지를 알게 되는 경우가 있습니다. 그런 사람들은 대개 '아, 이 사람은 말씀이 인격으로 드러나는 사람이구나' 하는 생각을 갖게 합니다. 구약의 모세처럼 말입니다.

> 이 사람 모세는 온유함이 지면의 모든 사람보다 더하더라 (민 12:3).

'온유하다'라는 말은 야생마가 길들여진 상태를 뜻합니다. 모세는 불혹의 나이에 사람을 때려죽일 만큼 혈기 있는 사람이었습니다. 하지만 나중에는 세상의 어떤 사람보다도 온유한 사람이라는 평가를 받게 되었습니다.

사도 요한도 그렇습니다. 예수님이 '우레의 아들'(막 3:17)이라는 이름을 붙여 주셨던 그가 예수님의 사랑을 듬뿍 받고 난 뒤에는 사랑의 사도가 되었습니다. 그의 인격과 삶이 변화된 것입니다. 예수님이 십자가에서 당신의 모친을 부탁하실 정도로 말입니다. 그는 결국 예수님의 제자 중 가장 오랜 세월을 살면서, 요한계시록을 포함해서 총 다섯 권의 성경을 기록한 사람이 됩니다.

마음은 말씀으로 연단해야 한다

로마서는 크게 두 부분으로 나눌 수 있는데, 1-11장까지는 기독교 핵심 교리에 대한 말씀이고, 12-16장까지는 실제 생활에 대한 말씀입니다. 따라서 본문이 '그러므로'라고 시작되는 것은, 하나님의 말씀을 읽고 배웠기 때문에(그러므로) 너희는 이러이러한 사람이 되어야 한다는 것을 이야기하기 위함입니다. 교리가 삶이 되고, 이론이 실제가 되어야 한다는 것입니다.

신앙생활을 하다 보면 교회 안에서도 불편함을 느끼는 사람이 생기기 마련입니다. 어떨 때는 불편함을 넘어서서 상처를 받기도 합니다. 하지만 철이 철을 날카롭게 하듯이, 그런 부딪힘을 통해서 우리의 성품이 다듬어지는 것입니다.

언젠가 전라도에 위치한 '거금도'라는 섬에 집회를 인도하러 갔다가 '오천몽돌해변'을 방문한 적이 있습니다. 해변에 모래가 아닌 돌들이 가득하다 보니 파도가 치면 '짜짜짜짝' 소리가 납니다. 거제도에 위치한 '몽돌해수욕장'과는 달리 그곳에는 조그마한 돌이 아닌 큰 바위들이 있었는데, 이 바위들이 천 년의 세월 동안 파도를 맞으며 깎이고 다듬어져 동글동글한 모양을 이루고 있었습니다.

‘연단’(鍊鍛)이 무엇입니까? ‘천 번을 맞은 게 연’이고, ‘만 번을 맞은 게 단’이라고 합니다. 한마디로 연단은 천 번, 만 번을 두들겨 맞았다는 것입니다. 공동체 생활을 하면서 항상 행복할 수만은 없습니다. 하지만 상처를 받거나 마음이 불편하고 성가신 과정들을 통해서 하나님이 우리를 만들어 가십니다. 말씀이 인격이 되는 것입니다.

이 세상은 영적인 전쟁터와 같기에 우리는 늘 마음을 무장해야 합니다. 안으로는 성령 충만, 겉으로는 하나님의 전신 갑주를 입어야 사탄, 마귀를 대적할 수 있습니다.

> 마귀의 간계를 능히 대적하기 위하여 하나님의 전신 갑주를 입으라 우리의 씨름은 혈과 육을 상대하는 것이 아니요 통치자들과 권세들과 이 어둠의 세상 주관자들과 하늘에 있는 악의 영들을 상대함이라(엡 6:11-12).

이때 마음의 무장은 어떻게 할 수 있습니까? 복음이 들어가야 합니다. 우리 안에 복음의 능력이 나타나야 세계관이 바뀌고, 성령님의 기름 부어 주심으로 말미암아 사람이 바뀌게 됩니다. 사기꾼 야곱이 이긴 자 이스라엘이 되었듯이, 또한 우울증 환자였던 엘리야가 이스라엘의 병거와 마병이라 불리는 최고의 선지자가 되었듯이 사람이 변화되어 가는 것입니다. 영혼이 잘됨같이 범사가 잘되고 몸이 강건해지는 역사가 순차적으로 나타나는 것입니다.

'3V'를 가지라

미국 아틀란타 연합장로교회를 섬기셨던 고(故) 정인수 목사님이 강조해 온 영성에는 세 가지 'V'가 있습니다. Voice, Value, Vision이 그것입니다.

Voice - 하늘의 소리를 들으라

첫 번째 영성은 'Voice', 곧 '하늘의 소리를 들어야 한다'는 것입니다. 모든 것은 하나님과 나와의 영적인 관계에서 비롯되기 때문에 우리는 영적인 사람, 신령한 사람, 영성 있는 사람이 되어야 합니다. 그러기 위해서는 '하나님의 소리'를 들어야 합니다. 엘리야가 하나님의 세미한 소리를 듣고 움직였던 것처럼, 우리 또한 말씀을 먼저 듣고 움직여야 합니다.

불 후에 세미한 소리가 있는지라 엘리야가 듣고 겉옷으로 얼굴을 가리고 나가 굴 어귀에 서매 소리가 그에게 임하여 이르시되 … 엘리야가 거기서 떠나(왕상 19:12-13, 19).

Value - 신앙의 가치관을 새롭게 하라

두 번째 영성은 'Value', 곧 '신앙의 가치관이 달라져야 한다'는 것입니다. 목회 초기에는 성도들에게 부담 주는 것을 무척 싫어했습니다. 그런데 지금은 생각이 바뀌었습니다. 가만히 놔두면 세상에서 죄지으며 허랑방탕한 세월을 보내는 사람이 많아질 수 있기 때문입니다. 어릴 때 꾸지람을 많이 듣고 자란 아이들이 반듯해지듯이, 때로는 교회 안에서도 그런 꾸지람이 필요함을 봅니다. 그게 사랑받는 것입니다. 영적인 꾸지람과 책망을 통해 회개와 변화의 역사가 나타납니다.

당신은 무엇을 위해 살아가고 있습니까? 무엇을 위해 목숨을 걸고 있습니까? 예수 믿는 사람은 예배를 위해 살고, 예배에 목숨을 걸어야 합니다. 그렇게 살고 있지 못하다면 우리의 가치관을 바꿔야 합니다. 예배는 드려도 되고 안 드려도 괜찮은 것이 아니라 우리의 목숨을 걸어야 하는 일입니다. 왜 그렇습니까? 우리는 말씀과 기도로 신령한 양식을 먹고 살아가는 영적인 존재이기 때문입니다. 성령님이 우리 안에 거하시기 때문에 그렇습니다.

하나님의 말씀과 기도로 거룩하여짐이라(딤전 4:5).

Vision - 비전을 바라보라

세 번째 영성은 'Vision', 곧 '비전을 바라봐야 한다'는 것입니다. 말씀을 듣거나 기도 중에 또는 찬송을 부를 때 '이것을 해야겠다'는 생각이 드는 그것을 '비전'이라고 합니다. 비전을 바라보고 따라가다 보면 도전과 응전의 삶이 만들어집니다.

세상이 아닌 예수를 따라가라

하나님은 영이시니 예배하는 자가 영과 진리로 예배할지니라(요 4:24).

온전한 영성을 위해서는 영과 진리로 예배해야 합니다. 영혼을 어둡게 하는 자리, 영혼을 피곤하게 하는 자리는 가지 말아야 합니다. 영적으로 막혀 버리면 모든 것에서 불통이 일어나기 때문에 그렇습니다. 하나님은 영과 진리로 예배하는 자들을 찾으시기 때문에, 우리가 예배에 목숨을 걸면 다른 일도 술술 풀리게 됩니다.

> 너희 몸을 하나님이 기뻐하시는 거룩한 산 제물로 드리라 이는 너희가 드릴 영적 예배니라 너희는 이 세대를 본받지 말고 오직 마음을 새롭게 함으로 변화를 받아 하나님의 선하시고 기뻐하시고 온전하신 뜻이 무엇인지 분별하도록 하라(롬 12:1-2).

변화의 주인공이 되려면 예수님을 따라가십시오. 일자무식 베드로가 예수님의 수제자가 되어 쓰임 받게 된 것은 예수님을 따라 살며 헌신했기 때문입니다. 배 위에서 "주님이시라" 하는 말을 듣고 바다에 몸을 던져 버린 사람이 베드로입니다. 앞뒤 생각하지 않고 몸을 던지는 것을 헌신이라고 합니다. 잔머리 굴리며 이해득실(利害得失)을 따지는 사람은 헌신하지 못합니다. 생각이 많고 아끼는 것이 많기 때문입니다. 우리는 우리 몸을 악의 도구로 사용하지 말고 의의 병기로 드려야 합니다.

우리는 시대를 둥둥 떠내려가는 사람이 아니라 시대를 역류하는 사람이 되어야 합니다. 마치 독수리가 날개 침같이, 살아 있는 물고기가 폭포를 거슬러 올라가듯이 마음을 새롭게 해서 살아가야 합니다. 다윗은 상황에 흔들리지 않았습니다. 그는 자신의 마음을 분명하게 고백했습니다. 모든 흑암의 세력을 물리치고 나아가겠다는 것입니다.

하나님이여 내 마음을 정하였사오니 내가 노래하며 나의 마음을 다하여 찬양하리로다 비파야, 수금아, 깰지어다 내가 새벽을 깨우리로다(시 108:1-2).

변화의 주인공이 되십시오. 영혼을 위해 회개하고, 헛된 마음을 버린 후 신령한 것으로 채우십시오. 또한 육신을 위해 운동하기를 게을리 하지 마십시오. 육신의 운동만큼 중요한 영혼의 운동 또한 빠뜨리지 마십시오. 새벽기도 운동, 성경 읽기 운동, 전도 운동을 통해 영혼의 건강을 챙기십시오. 주의 일에 열심을 낼 때 하나님이 가정도, 건강도, 물질도 다 지켜 주실 것입니다. 하나님의 뜻을 분별해서 주님의 기쁨이 되고 아름답게 쓰임 받는 성도가 됩시다.

당신이 영혼의 건강을 위해 하고 있는 운동은 무엇입니까? 만일 없다면, 당신에게 필요한 영혼의 운동이 무엇인지 생각해 보고 오늘부터 실천에 옮겨 봅시다.

성도의 삶은
하나님 중심, 성경 중심, 교회 중심으로
그 축이 잘 잡혀 있어야 합니다.
그러기 위해 필요한 것이
바로 영적 예배입니다.

항상 기뻐하라 쉬지 말고 기도하라 범사에 감사하라
이것이 그리스도 예수 안에서 너희를 향하신 하나님의 뜻이니라
성령을 소멸하지 말며 예언을 멸시하지 말고
범사에 헤아려 좋은 것을 취하고 악은 어떤 모양이라도 버리라
평강의 하나님이 친히 너희를 온전히 거룩하게 하시고
또 너희의 온 영과 혼과 몸이
우리 주 예수 그리스도께서 강림하실 때에
흠 없게 보전되기를 원하노라

(살전 5:16-23).

3 °

넘어져도 다시 일어서는 '오뚝이 정신'

성령의 키로 평형수를 유지하라

'하나님의 뜻대로 사는 것'은 무엇일까요? 본문은 '항상 기뻐하고, 쉬지 말고 기도하며, 범사에 감사하는 것'이 하나님의 뜻이라고 말씀합니다. 그런데 하나님의 뜻대로 기뻐하고 감사하기가 대단히 어렵습니다. 현실적으로는 기뻐하기보다 자꾸 우울해지고, 힘이 빠지고, 생각이 어두워지고, 슬픈 삶을 살아가기가 더 쉽습니다. 심지어 한국 사람들의 DNA에는 한이 서려 있고 상처가 많기 때문에 기뻐하기보다는 슬프고 우울하게 살아가기가 훨씬 쉽다고 합니다.

성령으로 충만한 인생이 복되다

'항상, 쉬지 말고, 범사에'라는 것은 숨도 쉬지 않고 기도하거나 감사하는 것이 아니라, 그때그때 하나님을 찾고, 의지하고, 부르짖으며 살아가야 함을 뜻합니다. 이것이 굉장히 어렵습니다. 그런데 본문 19절부터 답이 나옵니다.

> 성령을 소멸하지 말며(살전 5:19).

불길이 꺼져 갈 때 기름을 부어 주면 불길이 확 살아나듯이, 하나님이 부어 주시는 성령이 우리 영혼에 불길을 일으켜 주십니다. 그렇기에 성령을 훼방하고, 제한하고, 소멸하고, 근심하게 한다면 그 사람은 절대로 쓰임 받을 수 없습니다. 우리는 성령을 소멸하지 말고 성령 충만, 은혜 충만, 은혜 위에 은혜를 더해야 합니다.

> 예언을 멸시하지 말고(살전 5:20).

사람은 하루아침에 망하거나 하루아침에 복을 받지 않습니다. 하나님은 반드시 여러 통로를 통해 사인과 경고와 예고편을 보여 주십니다. 그 통로 중에 하나가 하나님의 말씀입니다. 우리는 말씀을 소홀히 여기지 말고 하나님의 경고를 얼른 알아들어 재빨리 회개해야 합니다.

> 범사에 헤아려 좋은 것을 취하고 악은 어떤 모양이라도 버리라(살전 5:21-22).

결국 사람은 자신의 선택에 따라서 모든 것이 결판납니다. 몸이 아픈 이유가 무엇입니까? 대개는 오랫동안 몸 관리를 하지 않았거나 몸에 좋지 않은 것들을 먹어 왔기 때문입니다. 그래서 성경은 범사에 헤아려 좋은 것은 선택하고 악한 것은 모양이라도 버려야 된다고 말씀합니다. 이 말씀은 에베소서 5장의 말씀과도 그 결을 같이합니다.

> 그런즉 너희가 어떻게 행할지를 자세히 주의하여 지혜 없는 자같이 하지 말고 오직 지혜 있는 자같이 하여 … 술 취하지 말라 이는 방탕한 것이니 오직 성령으로 충만함을 받으라(엡 5:15, 18).

어떤 것에 중독되고 취해 버리면 사람이 분별력을 잃어버려 황폐하게 된다는 것입니다. 그래서 오직 성령의 충만을 받으라고 말씀하는 것입니다. 하나님이 성령으로 기름 부어 주실 때 시와 찬송과 신령한 노래가 터져 나오고(엡 5:19), 범사에 감사하며(엡 5:20), 피차 복종하고(엡 5:21), 아내와 남편이 사랑하고 존중하는 흐름이 생긴다는 것입니다(엡 5:22-28).

'항상성'을 가지라

> 항상 기뻐하라(살전 5:16).

사람이 금방 좋았다가 금방 나빠지는 것을 '조울증'이라고 합니다. 체중이 갑자기 빠지면 건강에 심각한 문제가 초래되는 것처럼, 무엇이든지 지속적으로 흘러가는 것이 중요합니다.

> 내 형제들아 너희가 여러 가지 시험을 당하거든 온전히 기쁘게 여기라(약 1:2).

항상 기쁠 것은 없지만, 무엇보다 시험당할 때 기뻐할 사람은 없지만, 그것마저도 기쁘게 여겨 버리면 하나님이 당신의 작품을 선하게 만들어 가십니다. 그래서 우리는 항상 기뻐해야 합니다.

성경에는 항상성을 유지한 사람들의 이야기가 자주 등장합니다. 대표적인 인물이 다니엘입니다. 그는 조서에 왕의 도장이 찍힌 것을 알고도 평소의 습관대로 예루살렘을 향해 창문을 열고 하루에 세 번 기도하며 하나님에게 감사했습니다. 그 결과 사자 굴에 던져졌지만, 하나님이 그를 역전시켜 주셨습니다.

욥도 항상성을 유지한 대표적인 인물이라 할 수 있습니다.

> 우스 땅에 욥이라 불리는 사람이 있었는데 그 사람은 온전하고 정직하여 하나님을 경외하며 악에서 떠난 자더라 그에게 아들 일곱과 딸 셋이 태어나니라 … 그들이 차례대로 잔치를 끝내면 욥이 그들을 불러다가 성결하게 하되 아침에 일어나서 그들의 명수대로 번제를 드렸으니 이는 욥이 말하기를 혹시 내 아들들이 죄를 범하여 마음으로 하나님을 욕되게 하였을까 함이라 욥의 행위가 항상 이러하였더라(욥 1:1-2, 5).

그는 악한 것을 멀리하고 좋은 것을 선택한 온전하고 정직한 사람이었습니다. 그 결과 "동방 사람 중에 가장 훌륭한 자"(욥 1:3)라는 칭함을 받았습니다.

요나는 물고기 배 속에 있을 때 얼마나 힘들었는지 영혼의 피곤함을 고백합니다(욘 2:7). 그러나 그는 그렇게 널브러져 있지 않았습니다. 오히려 그는 감사하는 목소리로 하나님에게 제사를 드렸습니다. 그러자 하나님이 요나를 물고기 배 속에서 꺼내어 회복하게 해 주셨습니다.

> 내 영혼이 내 속에서 피곤할 때에 내가 여호와를 생각하였더니 … 여호와께서 그 물고기에게 말씀하시매 요나를 육지에 토하니라(욘 2:7, 10).

일상의 예배를 드리는 사람만이 어려움 속에서도 예배할 수 있습니다.

하박국 선지자는 어떻습니까? 그의 유명한 고백 안에는 '없다'라는 단어가 여섯 번이나 나오지만, 그는 여호와로 말미암아 즐거워하고 기뻐하겠다는 고백을 결코 잃어버리지 않았습니다. 오히려 하나님이 자신의 힘이 되심을 노래했습니다.

> 주 여호와는 나의 힘이시라 나의 발을 사슴과 같게 하사 나를 나의 높은 곳으로 다니게 하시리로다(합 3:19).

차가 오르막길을 멈추지 않고 넘기 위해서는 80킬로 정도의 속도를 유지하는 것이 필요합니다. 기름을 아끼겠다고 저속으로 달리다가는 엔진이 꺼져서 오르막길을 통과하지 못하게 됩니다. 마라톤을 할 때도 마찬가지입니다. 천 명, 만 명이 뛰는 마라톤 경기에서 1, 2, 3등을 하기 위해서는 반드시 선두 그룹을 유지해야 합니다. 900등쯤에 있다가 후반부에 추월해서 1등을 하는 경우는 결코 없습니다.

인생은 한판승이 아닙니다. 9회말 2아웃, 2스트라이크 이후에도 얼마든지 역전이 가능하기 때문에 우리는 어떤 경우에도 낙심하거나 두려워하거나 포기하지 말아야 합니다. 어떤 어려운 일을 당해도, 여러 가지 시험을 당할 때에도 온전히 기쁘게 여겨야 합니다.

《보도 섀퍼의 이기는 습관》(토네이도 역간)이라는 책에 따르면, 사람에게는 학습 효과가 있다고 합니다. 늘 기뻐하고 감사하고 웃는 사람은 그렇게 스마일로 살아갑니다. 반대로 늘 짜증내고 불평하는 사람은 이것이 학습되어서 우울한 모드로 살아갈 수밖에 없습니다. 따라서 하나님의 뜻대로 살아가기 위해서는 항상 기뻐하는 항상성을 유지해야 합니다.

배가 안전 운항을 하기 위해서는 '평형수'를 유지해야

합니다. 배 안의 물을 비워 버리면 배가 전복되거나 침몰할 수 있습니다. 이처럼 지속성과 항상성 그리고 평형수를 늘 유지하는 신앙이 저력이 있습니다. 사람은 견딘 만큼 쓰임 받습니다. 숭례문의 기둥으로 쓰인 소나무는 살아서 천 년, 죽어서 천 년이라고 합니다. 천 년의 세월을 버틴 소나무로 집을 지으면 천 년을 버틴다는 것입니다.

불같은 시험이 한도 끝도 없이 밀려오는 것이 인생입니다. 사람은 금방 우울해지고 속상해하는 존재이기 때문에, 마음에 알통을 만들듯이 경건에 이르기를 연습해야 합니다. 좋은 것은 헤아려 취하고, 악한 것은 모양이라도 버리며, 하나님의 말씀을 멸시하거나 성령을 소멸하지 말고 은혜 충만함을 유지해야 합니다.

기도의 물길을 이어 가라

쉬지 말고 기도하라(살전 5:17).

'쉬지 말고 기도하라'는 것은 시도 때도 없이 하나님을 의지하고, 구하고, 찾는 것을 말합니다. 이것은 '항상 기뻐하는 것'과 마찬가지로 어려운 일입니다.

여호와가 너를 항상 인도하여 메마른 곳에서도 네 영혼을 만족하게 하며 네 뼈를 견고하게 하리니 너는 물 댄 동산 같겠고 물이 끊어지지 아니하는 샘 같을 것이라(사 58:11).

위의 말씀에는 '물 댄 동산'이라는 표현이 등장합니다. 하나님이 물이 끊이지 않는 샘물 같은 복을 주신다는 것입니다. 사막에서 살아가는 이스라엘 백성의 가장 큰 복은 물입니다. 하나님은 물을 주실 때 철철 넘치도록 주십니다.

"쌀독에서 인심 난다"는 말이 있듯이, 마음을 깨끗하게 비우면 좋을 것 같지만, 성경은 마음을 비울 때 오히려 일곱 귀신이 들어온다고 말씀합니다(마 12:45; 눅 11:26). 따라서 우리는 마음을 비우는 것이 아니라 채워야 합니다. 성령으로, 은혜로, 진리로 넘치도록 채워야 합니다. 물 댄 동산처럼 끊임없이 흐르는 것이 축복입니다.

몇 해 전 일본을 방문한 적이 있습니다. 축소 지향적인 나라라서 그런지 도로도 좁고 차도 작았습니다. 그런데 신기하게도 차가 막히지 않았습니다. 도로는 좁지만 차들이 물 흐르듯 막힘없이 달리다 보니 정체되거나 막히지 않았던 것입니다. 우리의 기도 생활도 이렇게 되어야 합니다.

> 오직 여호와를 앙망하는 자는 새 힘을 얻으리니 독수리가 날개 치며 올라감 같을 것이요 달음박질하여도 곤비하지 아니하겠고 걸어가도 피곤하지 아니하리로다(사 40:31).

하나님은 무능하고 피곤한 자에게 독수리 날개 침 같은 새 힘을 주신다고 말씀합니다. 무능하고 피곤한 자가 계속 날갯짓을 해야 한다고 생각해 보십시오. 얼마나 피곤하겠습니까? 하나님은 그런 그들에게 새 힘을 주시겠다는 것입니다. 그러니 독수리가 비상하듯이 날아오르라는 것입니다.

쉬지 않고 기도하다 보면 기도는 길어도 응답은 순간이요, 성도의 눈물의 기도는 땅에 떨어지지 않고 주님에게 상달된다는 것을 깨닫게 됩니다. 하나님이 응답하시면 반전의 역사가 일어나는 것입니다. 하지만 그전에 기억해야 할 것이 있습니다. 먼저 구해야 할 것이 있고 구하지 말아야 할 것이 있다는 것입니다.

> 그런즉 너희는 먼저 그의 나라와 그의 의를 구하라 그리하면 이 모든 것을 너희에게 더하시리라(마 6:33).

먼저 하나님 나라와 그분의 의를 구하면 하나님이 다

른 모든 것은 보너스로 주시기 때문에, 예수 믿는 사람은 기도할 때 하나님의 지혜를 구하고 우선순위를 분별해야 합니다. 핵심 가치를 붙잡고 핵심 사역에 집중하다 보면 산만한 데 헛심을 쓰지 않는다는 것입니다.

하나님에게 든든히 뿌리 내린 인생

> 복 있는 사람은 악인들의 꾀를 따르지 아니하며 죄인들의 길에 서지 아니하며 오만한 자들의 자리에 앉지 아니하고(시 1:1).

시편 1편의 복 있는 사람은 시냇가에 심긴 나무의 뿌리가 땅속 깊이 수맥에 닿아 있는 것처럼 주를 깊이 의지하기 때문에 복이 있는 것입니다. 그런 사람은 시냇가에 심긴 나무처럼 형통하게 됩니다. 하지만 악인은 그렇지 않다고 말씀합니다. 바람에 나는 겨와 같다는 것입니다. 그런 사람은 눈물을 흘리고 요동칩니다.

> 악인들은 그렇지 아니함이여 오직 바람에 나는 겨와 같도다 그러므로 악인들은 심판을 견디지 못하며 죄인들이 의인들의 모임에 들지 못하리로다(시 1:4-5).

우리는 바람에 나는 겨와 같이 일렁거리거나 부평초처럼 물결 따라 출렁거리는 존재가 아닙니다. 시냇가에 심긴 나무처럼 우리의 시선을 하나님에게 고정시킨 존재입니다. 세상이나 사람을 바라보다 보면 실망하거나 상처받을 수밖에 없습니다. 눈을 들어 주님을 바라보십시오.

신앙생활에서 가장 나쁜 것은 가만히 있는 것입니다. 덥다고 가만히 있고, 춥다고 가만히 있고, 비 온다고 가만히 있고, 눈 온다고 가만히 있으면 그 사람은 은혜 받을 일도 없고 시험에 들 이유도 없이 확실히 주저앉게 됩니다. 자동차가 적당한 속도를 유지해야 멈추지 않듯이, 신앙도 항상성을 유지하는 것이 중요합니다.

최후 승리는 하나님이 보장해 주십니다. 엎어지고 자빠지더라도 다시금 오뚝이처럼 일어나 항상 기뻐하고, 쉬지 않고 기도하며, 범사에 감사하는 그리스도인이 되기를 바랍니다.

— 항상 기뻐하고, 쉬지 않고 기도하며, 범사에 감사한 인생을 살기 위해 필요한 조건 또는 환경은 무엇이라고 생각합니까?

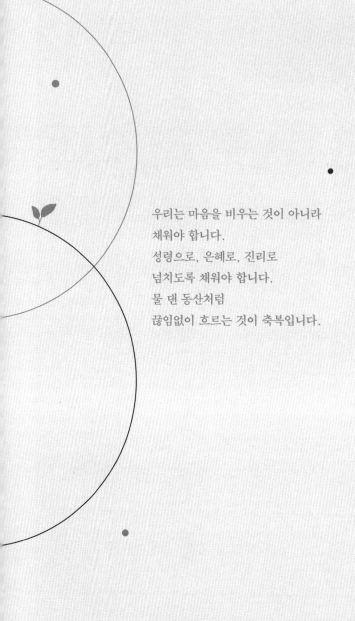

우리는 마음을 비우는 것이 아니라
채워야 합니다.
성령으로, 은혜로, 진리로
넘치도록 채워야 합니다.
물 댄 동산처럼
끊임없이 흐르는 것이 축복입니다.

여호와 하나님이 이르시되
사람이 혼자 사는 것이 좋지 아니하니
내가 그를 위하여 돕는 배필을 지으리라 하시니라
여호와 하나님이 흙으로 각종 들짐승과
공중의 각종 새를 지으시고
아담이 무엇이라고 부르나 보시려고
그것들을 그에게로 이끌어 가시니
아담이 각 생물을 부르는 것이 곧 그 이름이 되었더라
아담이 모든 가축과 공중의 새와
들의 모든 짐승에게 이름을 주니라
아담이 돕는 배필이 없으므로 여호와 하나님이
아담을 깊이 잠들게 하시니 잠들매
그가 그 갈빗대 하나를 취하고 살로 대신 채우시고
여호와 하나님이 아담에게서 취하신 그 갈빗대로
여자를 만드시고 그를 아담에게로 이끌어 오시니
아담이 이르되 이는 내 뼈 중의 뼈요 살 중의 살이라
이것을 남자에게서 취하였은즉 여자라 부르리라 하니라
이러므로 남자가 부모를 떠나 그의 아내와 합하여
둘이 한 몸을 이룰지로다
아담과 그의 아내 두 사람이 벌거벗었으나
부끄러워하지 아니하니라
(창 2:18-25).

위기를 기회로 만드는 '가정 사용 설명서'

눈물로 키운 자녀는 하나님을 웃게 한다

대한민국이 한강의 기적을 일으키고 초고속으로 성장했지만, 그 이면에는 '무너진 가정'이 많다고 합니다. 그동안 가장 많은 희생을 치른 곳이 가정이라는 것입니다. 가정은 뒷전이고 앞만 보고 일만 했던 가장들이 많았기에 그럴 것입니다. 그래서인지 우리나라의 이혼율과 자살률이 세계 일등입니다. 어쩌다 우울증에 걸리고 분노 조절이 안 되는 사회가 되었습니다.

언제나 답은 성경에 있다

코로나 바이러스가 전 세계를 강타한 지 수년의 세월이 흘렀음에도 우리는 여전히 그 문제를 해결하지 못하고 있습니다. 하지만 저는 그에 대한 해답을 성경에서 발견합니다. 성경은 하나님이 전염병을 유행하게 하실 때 하나님에게 엎드리라고, 예배를 회복하라고 말씀합니다. 이것은 하나님의 약속입니다. 그러면 그 땅을 고쳐 주시겠다는 것입니다. 코로나라는 전염병이 전 세계를 뒤덮은 요즘, 이 말씀이야말로 우리가 귀담아 듣고 붙잡아야 할 하나님의 약속임을 기억해야 할 것입니다.

> 혹 내가 하늘을 닫고 비를 내리지 아니하거나 혹 메뚜기들에게 토산을 먹게 하거나 혹 전염병이 내 백성 가운데에 유행하게 할 때에 내 이름으로 일컫는 내 백성이 그들의 악한 길에서 떠나 스스로 낮추고 기도하여 내 얼굴을 찾으면 내가 하늘에서 듣고 그들의 죄를 사하고 그들의 땅을 고칠지라 (대하 7:13-14).

믿음을 지키는 최후의 보루, 가정

코로나 감염에 대한 두려움, 지나친 방역과 규제, 불경기로 인한 여러 가지 스트레스가 겹치면서 사람들이 코로나 블루(Corona Blue)에 빠져 극심한 우울 상태에 머물러 있습니다. 이처럼 일상이 무너지고 영성이 흔들리는 코로나 시대의 마지막 대안은 결국 가정입니다. 코로나로 인해 대면 예배에 제한이 생긴 요즘, 결국에는 개인적인 큐티와 새벽 기도, 가정 예배, 성경 통독으로 돌아갈 수밖에 없다는 것입니다.

세계적으로 뛰어난 유대인들의 역사를 보십시오. 나라가 망해서 전 세계로 뿔뿔이 흩어진 디아스포라가 되었지만, 그들이 온갖 고난을 겪으면서도 세계적으로 우수한 민족이 될 수 있었던 것의 핵심은 자녀 교육에 있습니다. 가정 예배를 중시하고, 절기 때마다 함께 모여 '하나님은 한 분'이심을 가르치는 가정교육이 오늘의 유대인들을 존재하게 했다는 것입니다.

가정은 전인 치유가 필요한 곳입니다. 요람에서 무덤까지 이르기 때문입니다. 결혼 예비 학교, 아버지 학교, 어머니 학교를 한두 가지 한다고 해결되지 않습니다. 가정은 상당히 복합적이고 다중적인 곳이기 때문에, 다양한 콘텐츠 개발과 체계적인 준비 및 전문적인 연구와 임상 시험을 거쳐 가정을 회복하는 데 집중해야 합니다.

성경적인 가정을 이루라

몇 해 전 전교인 하계 수련회 때 들었던 장경동 목사님의 말씀이 생각납니다. '믿음의 계열과 불신의 계열'에 관한 내용이었는데, 우리 인생에는 사탄, 마귀의 영향을 받는 흐름과 하나님의 영향을 받는 흐름이 있다는 말씀이었습니다. 그러면서 예로 든 것이 아브라함과 그의 조카 롯이었습니다.

롯이 누구입니까? 이주할 땅을 결정할 때 당장에 보기 좋은 소돔과 고모라를 선택했던 사람입니다. 그리고 잘 알고 있듯이 소돔과 고모라는 의인 열 명이 없어서 멸망한 곳입니다. 그런데 장경동 목사님은 이 내용을 이렇게 해석했습니다. 아브라함의 조카로서 직계 가족만 전도해도 의인이 열 명은 되었을 거라고 말입니다. 직계 가족에 사돈 집안만 전도했어도 열 명이 채워지기 때문에 소돔과 고모라는 멸망하지 않았을 거라는 것입니다. 같은 맥락에서 볼 때 하나님의 홍수 심판에서 가족을 지킨 노아나 여리고 성이 무너질 때 온 집안을 구원시킨 라합은 참으로 위대한 사람이라 할 수 있습니다.

여호와께서 노아에게 이르시되 너와 네 온 집은 방주로 들어가라

이 세대에서 네가 내 앞에 의로움을 내가 보았음이니라(창 7:1).

이 성과 그 가운데에 있는 모든 것은 여호와께 온전히 바치되 기생 라합과 그 집에 동거하는 자는 모두 살려 주라 이는 우리가 보낸 사자들을 그가 숨겨 주었음이니라(수 6:17).

우리가 어떤 물건을 사면 제품에 대한 사용 설명서가 따라오는데, 가정에 대한 설명서가 바로 성경입니다. 그래서 성경적인 가정을 이루는 것이 중요합니다. 우리는 '가정을 교회처럼, 교회를 가정처럼' 만들어야 합니다. '가정을 교회처럼'이라는 말은, 가정일수록 성경을 읽고, 가정일수록 찬송 소리가 울려 퍼지고, 가정일수록 부부가 예를 갖춰 예배드려야 한다는 것입니다. 한마디로, 가정이 교회 같은 분위기가 되어야 한다는 것입니다. 반대로 '교회를 가정처럼'이라는 말은, 교회에는 일꾼이나 프로그램만 있는 것이 아니라, 교회는 가정과 같이 흉허물을 덮어 주는 사랑과 용서의 현장이 되어야 한다는 것입니다.

가정은 우리를 훈련시키는 장소다

가정은 하나님이 세우신 최초의 기관입니다. 하나님은 교회보다 가정을 먼저 세우셨습니다. 우리는 이 하나님이 짝지어 주신 사람을 최고의 배필로 여겨야 합니다.

가정은 포기할 수 없는 평생의 숙제입니다. 세상에 만사형통한 가정은 없습니다. 어느 가정이든 기도 제목이 있습니다. 그래서 성격이 안 맞아도, 말이 안 통해도 사는 것입니다.

가족은 서로가 가르치려고 덤벼서는 안 됩니다. 가장 좋은 말을 가장 기분 나쁘게 하는 사람이 가족이라고 합니다. 사랑받기를 기대하지 마십시오. 우리는 그저 "나는 사랑하나 그들은 도리어 나를 대적하니 나는 기도할 뿐이라"(시 109:4)라고 고백해야 합니다. 변화를 기대하지 마십시오. 사람은 변하는 것보다 죽는 것이 빠르다고 합니다.

예수님의 제자들을 보십시오. 예수님이 십자가에 달려 돌아가실 때까지 제자 훈련은 실패의 연속이었습니다. 믿고 맡겼던 재정 담당자 가룟 유다는 예수님을 팔아 넘겼습니다. 베드로를 위시한 제자들은 거의 다 예수님을 부인하고 도망갔습니다. 평생 사랑하다가, 주다가 죽어

버리는 것이 사랑인 것입니다. 가정도 다르지 않습니다. 부르다가 내가 죽을 이름이 바로 가족입니다.

어디에선가 "내가 사랑한 모든 것들 나를 눈물짓게 한다"는 글귀를 읽은 적이 있습니다. 가수 고(故) 김광석 씨는 〈너무 아픈 사랑은 사랑이 아니었음을〉이라고 노래했습니다. '나의 행복'이 결혼의 목적이 될 수는 없습니다. 하나님이 기뻐하실 때, 하나님의 뜻이 나타날 때 인생이 행복해집니다.

사랑은 핑크빛 꽃길이 아닙니다. 사랑은 어려운 것입니다. 가족을 사랑하면 내가 먹고 싶은 것을 먹는 것이 아니라, 가족이 좋아하는 것을 따라서 먹게 됩니다. 빨래하고, 설거지하고, 밤새 사랑하는 가족의 병상을 지키다가 내 시간이 다 없어지는 것이 사랑입니다.

부부 싸움을 해서는 결코 이길 수 없습니다. 부부 싸움에 이기려고 덤비는 것은 바보입니다. 가장 처음 만나는 관계도 가족이지만, 마지막 내 곁을 지키는 것도 가족입니다. 그래서 코로나 때 가장 신경 써야 할 신앙의 마지노선이 가정이라는 것입니다.

바라는 배필이 되지 마십시오. 배우자가 나보다 더 연약한 그릇인 줄 알고 내가 더 도와주고, 챙겨 주고, 보태주는 것이 건강한 부부관계입니다. 성경은 이것을 '돕는 배필'이라고 말씀합니다.

흔히 '자식을 키워 봐야 부모 마음을 안다'고 말합니다. 어떻게 보면 우리 감정의 민낯을 낱낱이 드러내는 관계가 바로 부모와 자식의 관계가 아닐까 생각합니다. 그만큼 우리의 감정 소모가 가장 심한 곳이 가정입니다. 생각해 보면, 우리는 가정에서 가장 많이 싸웁니다. 그렇게 인격의 하한선을 경험하면서 내가 얼마나 이기적이고 독한 인간인가를 여지없이 경험합니다. 그런데 이러한 부딪힘을 통해 깨닫는 것이 또 하나 있습니다. 바로 하나님 아버지의 마음입니다. 가족 관계 안에서 한계를 느끼고 스스로에 대해 절망하면서, 또 가족을 보고 속상해하면서 하나님이 나 같은 자식을 위해 얼마나 참고 기다리셨는지를 깨달으며 하나님의 사랑을 조금씩 알아 가게 되는 것입니다.

부모의 믿음이 자녀의 믿음을 견고히 한다

우리는 살아가면서 항상 이슈를 선점해야 합니다. 이단들이 강조하는 것을 보면, 그들은 그 시대에 중요한 것이 무엇인지를 단박에 압니다. 그 한 예가 통일교에서 실시하고 있는 '참 가정 운동'입니다. 오늘날 그리스도인들은 입도 뻥긋 못한 채 가만히 앉아 있는데, 이단들은 좋은 이슈들을 선점해 나가고 있습니다. 이렇게 넋 놓고 있다가는 가정이 무너지고 영성이 무너지는 결과를 초래하게 될 것입니다.

오늘 우리는 가장 소중한 것을 자꾸 놓쳐 버립니다. 가정을 지키고 가족을 사랑하는 것은 하나님이 명령하신 필수 사명입니다. 우리는 가정이 물 댄 동산같이 되어 하나님의 은혜가 흘러넘치고 하나님의 사랑이 샘물처럼 거침없이 흘러가게 해야 합니다.

모태 신앙을 가진 성도라면 어릴 때 혼나면서 예배드렸던 경험이 한두 번쯤은 있을 것입니다. 예배에 빠지면 불호령이 떨어지던 경험 말입니다. 그렇게 드리는 예배는 기억도 안 나고 기분도 상하기 일쑤입니다. 하지만 세월이 지나며 깨닫는 것은, 그런 믿음의 가정에서 자란 것이 얼마나 행복한 일인가 하는 것입니다.

내가 내 자녀들이 진리 안에서 행한다 함을 듣는 것보다 더 기쁜 일이 없도다(요삼 1:4).

가정의 신앙이 온전히 세워지기 위해서는 부모의 신앙

이 먼저 회복되어야 합니다. 부모가 먼저 정신을 차려야 한다는 것입니다. 방역 지침보다 중요한 것이 신앙 지침입니다. 가정 예배를 회복해야 합니다. 부모의 영적인 우선순위가 바르게 정립되어야 합니다. 부모가 먼저 가정에서 믿음의 본을 보여야 합니다.

코로나를 변명 삼아 대충대충 신앙생활하다가는 큰일 납니다. 부모의 신앙이 자녀들에게 그대로 흘러가기 때문에 우리는 더욱 온전한 믿음을 갖기 위해 애써야 합니다. "부모가 울어야 자녀들이 객지에 나가서 웃는다"는 말이 있듯이, 우리는 자녀를 위해 눈물 흘리는 부모가 되어야 합니다. 하나님이 주인 되시고 말씀이 선포될 때 건강한 가정, 예배하는 가정, 주님의 기쁨이 되는 가정으로 세워질 수 있음을 믿고 세상의 빛과 소금으로 퍼져 나가는 가정이 되기를 바랍니다.

■ 부모 혹은 자녀로서 가정에서 믿음의 본을 보이기 위해 노력한 적이 있습니까? 그때 당신의 노력은 가족들에게 어떤 영향을 미쳤습니까?

방역 지침보다 중요한 것이 신앙 지침입니다.
가정의 예배를 회복해야 합니다.
부모의 영적인 우선순위가
바르게 정립되어야 합니다.
부모가 먼저 가정에서
믿음의 본을 보여야 합니다.

엘리의 아들들은 행실이 나빠
여호와를 알지 못하더라
(삼상 2:12).

5 °

천대의 복을 이루는 '영적 축복권'

하나님을 앎이 축복의 삶이 된다

성경을 보면, 하나님이 한 시대에 존귀하게 들어 쓰시는 가정이 있는가 하면 버림받는 가정이 있습니다. 어떻게 하면 하나님에게 쓰임 받는, 천대까지 복을 받는 가정을 만들 수 있을까요? 역사는 반복되고 시대마다 살아가는 모습은 비슷합니다. 성공하는 사람은 성공할 수밖에 없는 특징이 있고, 실패하는 사람은 실패할 수밖에 없는 습관을 지니고 있습니다.

사무엘상 2장에 보면 두 집안이 나옵니다. 엘가나의 집안과 엘리의 집안입니다. 이 장에서는 서로 대조적인 두 집안의 모습을 비교해 보려 합니다.

신앙생활을 할 때 혼란한 것이 있다면, 교회 봉사를 얼마나 열심히 해야 신앙생활을 잘하는 것인가 하는 문제입니다. 가정과 교회를 대치 개념으로 보기 때문에 이런 혼란이 발생합니다.

엘가나, 현실에 최선을 다한 인생

> 엘가나는 라마의 자기 집으로 돌아가고 그 아이는 제사장 엘리 앞에서 여호와를 섬기니라(삼상 2:11).

위의 말씀은 엘가나가 라마의 자기 집으로 돌아갔다고 말씀합니다. 항상 가정이 중요합니다. 그리고 아이 사무엘은 젖을 떼고 난 뒤에 엘리 제사장 앞에서 하나님을 섬기기 시작했습니다.

성경에 보면 라마 나욧이라는 지명이 종종 등장합니다. 여기서 라마는 사무엘의 고향입니다. 그는 그곳에서 젖을 떼기까지 자랐습니다. 후에 사무엘은 다시 라마로 돌아가는데, 그는 그곳에서 최후를 맞이하고 장례를 치릅니다.

사무엘상 7장에 보면 사무엘이 이스라엘의 제사장으

로 왕성하게 활동할 때 라마 나욧을 근거지로 삼고 주변 지역들을 순회하는 것을 볼 수 있습니다. 한마디로 사무엘의 고향인 라마는 그의 베이스캠프라고 할 수 있습니다. 그리고 본문은 이 라마의 자기 집, 베이스캠프로 엘가나가 돌아갔다고 말씀합니다. 다시 말하면, 모든 인생의 요람은 가정이라는 것입니다.

엘가나는 해마다 실로의 아버지 집에 올라가 예배하는 일을 게을리 하지 않았습니다. 그리고 예배를 마친 후에는 가정으로 돌아가 일상의 삶을 살았습니다. 이처럼 신앙생활은 현실에 최선을 다하는 것입니다. 예배와 일상의 삶에 최선을 다할 때 하나님은 반드시 다음 코스로 인도하십니다. 그러므로 우리는 내일 일을 염려하거나 과거를 곱씹을 필요가 없습니다.

사무엘, 사람이 아닌 하나님을 섬기다

그 아이는 제사장 엘리 앞에서 여호와를 섬기니라(삼상 2:11b).

엘가나는 집으로 돌아가고 이제 막 젖을 뗀 아이는 성전에 남겨져 엘리 제사장 앞에서 하나님을 섬기게 되었습니다. 그런데 엘리 제사장은 당시 문제가 많은 사람이었습니다.

신앙생활을 하다 보면 교회는 좋은데 어떤 사람이 꼴 보기 싫어 교회에 가고 싶지 않을 때가 있습니다. 불편하고 싫은 사람 때문에 봉사의 기회도 놓아 버리고 맙니다. 이렇게 본다면 신앙생활에 있어 가장 방해가 되는 것은 사람이라 할 수 있습니다. 그 사람이 영적인 지도자라면 문제가 더 심각해집니다.

우리는 신앙생활을 할 때 가까이 있는 영적 지도자들로 인해 크고 작은 상처를 받습니다. 그럴 때 조심해야 할 것은, 문제가 많고 약점과 한계가 있는 영적 지도자라 할지라도 따뜻하게 섬겨야 한다는 것입니다. 사무엘이 엘리 제사장을 섬겼던 것처럼 말입니다. 사랑은 반응이 아니고 약속이기 때문에 그렇습니다.

내가 기분 나쁘다고, 자존심 상한다고 내려놓는 것은 사랑이 아닙니다. 사랑은 하나님과의 약속입니다. 하나님이 맡겨 주셨기에 사랑하는 것입니다. 부모가 자식을 조건 없이 사랑하는 것처럼 말입니다.

신앙생활할 때 사람 때문에 손해 보지 마십시오. 누구누구 때문에 교회에 못 가겠다고 한다면 미련한 것입니다. 감정적으로 하지 말고 성경적으로 하십시오. 믿음의 사람은 '그렇기 때문에'가 아니라 '그럼에도 불구하고'

의 신앙을 가진 사람입니다.

우리는 신앙의 본질을 회복해야 합니다. 신앙의 본질이 무엇입니까? 하나님을 잘 섬기는 것입니다. 문제 많은 엘리 제사장 앞에서 하나님을 섬겼던 어린 사무엘처럼 말입니다. 이러한 섬김은 감정을 초월해야 합니다. 인정사정을 넘어서야 합니다. 자신의 믿음은 자신이 지켜야 하기 때문입니다.

하나님을 알지 못하는 엘리의 집안

그렇다면 엘리의 집안은 어떨까요? 당시 엘리는 문제가 많은 지도자였습니다. 기도하는 한나를 술에 취한 것으로 생각해 구박을 하고, 훗날 하나님이 어린 사무엘에게 나타나 말씀하실 때 사무엘이 세 번이나 찾아가 이야기하기까지 그는 무슨 일이 일어난 것인지를 전혀 깨닫지 못했습니다. 자식들은 삐뚤어지고, 기력은 약해질 대로 약해져 기도의 자리가 아닌 안락한 의자에 앉아 있다가 비극적인 소식을 전해 듣고는 목이 부러져 죽는 비참한 결말을 맞았습니다. 성경은 그의 죽음에 대해 "비둔한 연고라"(삼상 4:18, 개역한글)라고 말씀합니다. 여기서 비둔하다는 것은 그가 살이

쩌서 둔했다는 것이 아니라, 영적으로 멍청하고 불통이 되어서 하나님의 말귀도 못 알아듣고 자기 직분도 감당하지 못할 정도로 둔감해졌다는 것을 뜻합니다.

하나님을 모르는 아들들

엘리의 아들들은 행실이 나빠 여호와를 알지 못하더라(삼상 2:12).

본문은 엘리의 두 아들, 홉니와 비느하스의 행실이 나빠 그들이 하나님을 알지 못했다고 말씀합니다. 여기서 '알다'는 히브리어로 '야다'라 하는데, 이는 '행동이 전제된 앎'을 뜻합니다. 한 예로, '담배는 몸에 해롭다'고 할 때 이것을 지식으로 아는 것은 '야다'가 아닙니다. 담배가 몸에 해로운 것을 알고 뚝 끊어야 '야다'로 아는 것입니다. 이렇게 볼 때 엘리 제사장의 아들들이 하나님을 알지 못했다는 것은 하나님을 지식적으로 알지 못했다는 것이 아니라, 하나님을 경험적으로 알지 못했다는 것을 뜻합니다. 날마다 성전에 머물며 하나님과 가까이 있었음에도 불구하고 하나님을 몰랐다는 것입니다. 엘리 제사장은 등잔 밑을 보지 못한 것입니다.

직분과 신앙은 아무런 관계가 없습니다. 직분이 있다고

신앙이 자동으로 생기는 것은 아닙니다. 엘리의 아들들을 보십시오. 그들은 제사장이었지만 하나님을 몰랐습니다. 성경은 "행함이 없는 믿음은 죽은 것이니라"(약 2:26)라고 말씀합니다. 물론 행함이 있다고 구원이 보장되는 것 또한 아님을 기억해야 합니다.

'하나님을 아는 지식'이 가장 고상한 지식입니다. 성경은 "진리를 알지니 진리가 너희를 자유롭게 하리라"(요 8:32)라고 말씀합니다. 가나안 농군학교의 첫 번째 교훈은 "알도록 배우자"입니다. 알아서 실천하고 결단하는 것이 제대로 배우는 것입니다. 우리는 하나님을 알도록 배워야 합니다.

하나님을 알지 못하는 데서 비롯된 나쁜 행실

하나님을 아는 사람과 모르는 사람의 차이는 그들의 행실에 있습니다. 하나님을 아는 사람은 하나님의 말씀에 기반을 두고 살아가기에 온전한 행실을 추구합니다. 그러나 하나님을 모르는 사람은 하나님의 말씀도 알지 못하기에 자신이 원하는 대로 행하며 살게 됩니다. 따라서 우리는 주의 교양과 훈계로 자녀를 양육해야 합니다.

가축을 기르는 '사육'과 아이를 자라게 하는 '양육'은 다릅니다. 사육은 사료를 주면 되지만, 양육은 음식 외에도 주의 교양과 훈계를 먹여야 합니다. 이때 중요한 것은, 부모가 먼저 주의 교양과 훈계를 갖춰야 한다는 것입니다.

우리가 하나님을 알아야 하는 이유는, 우리가 아는 만큼 그분을 섬길 수 있기 때문입니다. 이때의 하나님을 아는 지식은 우리의 행동과 습관과 문화를 이끌어 갑니다. 신학이 결국은 생활을 결정짓는 것입니다. 그래서 하나님을 알지 못하는 것이 행실의 문제로 이어지는 것입니다.

그렇다면 엘리의 아들들의 문제가 무엇인지 살펴봅시다.

> 이 소년들의 죄가 여호와 앞에 심히 큼은 그들이 여호와의 제사를 멸시함이었더라(삼상 2:17).

성경은 이들이 제사를 멸시했다고 말씀합니다. 오늘날로 말하면 예배를 소홀히 했다는 것입니다. 하나님은 영과 진리로 예배하는 사람을 찾으시기에 우리는 예배에 목숨을 걸어야 합니다.

성경에 기록된 왕들의 역사를 보십시오. 흥했던 왕들은 성전을 청결하게 하고, 하나님의 말씀인 두루마리를 찾아 읽었습니다. 이렇게 행한 왕들은 복을 받았습니다. 반면 망했던 왕들은 산당을 짓고, 우상을 숭배하고, 하나님의 제사를 멸시했습니다. 산당이 무엇입니까? 하나님의 거룩한 제단에 우상을 가져다 놓고 제사지내는 것을 산당이라고 합니다.

엘리의 아들들이 하나님에게 드려지는 제사를 멸시했다는 것은 하나님 앞에 나아가 예배드리는 것을 하찮게 생각했다는 것입니다. 무시했다는 것입니다. 이런 이들을 향해 성경은 이렇게 말씀합니다.

> "스스로 속이지 말라 하나님은 업신여김을 받지 아니하시나니"(갈 6:7).

준비된 예배를 드리십시오. 우리는 준비된 예배와 준비되지 못한 예배를 드렸을 때의 결과가 어떠한지를 성경을 통해 확인할 수 있습니다. 창세기 4장을 보십시오. 하나님은 아벨의 제사는 받으셨지만 가인의 제사는 받지 않으셨습니다. 왜입니까? 아벨은 제물과 더불어 그의 마음과 인격과 자신의 모든 중심을 드렸지만, 가인은 제물만을 드렸기 때문입니다.

이들의 문제는 또 있습니다. 본문 18절을 보십시오.

> 사무엘은 어렸을 때에 세마포 에봇을 입고 여호와 앞에서 섬겼더라.

성경은 사무엘이 어릴 때부터 세마포 에봇을 입었다고 말씀합니다. 바꿔 말하면, 유니폼을 입었다는 것입니다. 유니폼에는 힘이 있습니다. 군인이 군복을 입고 의사가 흰 가운을 입는 것은 옷이 그 사람의 신분과 권위를 드러내 주기 때문입니다. 여기서 세마포 에봇은 제사장의 옷을 말합니다. 이는 기득권을 가진 제사장들이 예배를 멸시해서 하나님의 눈 밖에 났다는 것을 뜻합니다.

직분이 사람을 만들어 갑니다. 선한 직분을 사모하십시오. 고린도전서 4장 1절은 "사람이 마땅히 우리를 그리스도의 일꾼이요 하나님의 비밀을 맡은 자로 여길지어다"라고 말씀합니다. 우리에게 자질이 부족해도 우리는 주의 종입니다. 우리에게 자격이 없어도 자세를 갖추고 나가면 하나님이 중심을 보고 복을 주십니다. 건강도, 지혜도, 물질도 함께 주십니다.

엘가나의 가정에 복을 주시는 하나님

사무엘을 존귀하게 하시다

그의 어머니가 매년 드리는 제사를 드리러 그의 남편과 함께 올라갈 때마다 작은 겉옷을 지어다가 그에게 주었더니(삼상 2:19).

본문 19절은 사무엘의 어머니 한나가 매년 제사를 드리러 갈 때마다 아이에게 작은 겉옷을 지어다 줬다고 말씀합니다. 아이의 옷을 직접 지어 주는 것은 누구보다 아이를 잘 알고 있다는 것을 전제합니다. '아이를 잘 아는 엄마', '맞춤형 교육' 이것이 굉장히 중요합니다.

저는 예수 믿고 난 뒤에 가장 행복했던 것이, 하나님이 나의 집안 사정을 아시고, 체질을 아시고, 문제를 아신다는 것이었습니다. 그런 하나님이 내 기도를 들으시고, 눈물을 닦으시고, 소원을 받으신다고 생각하니 너무나도 행복했습니다. 그렇습니다. 하나님은 우리의 모든 것을 아십니다.

약이 무엇입니까? 아무거나 약이 될 수는 없습니다. 우리 몸에 맞는 것, 체질에 맞는 것이 약입니다. 보약처럼 말입니다. 그렇지 않은 것은 모두 독이 되고 맙니다.

그러므로 나도 그를 여호와께 드리되 그의 평생을 여호와께 드리나이다 하고 그가 거기서 여호와께 경배하니라(삼상 1:28).

한나가 잘한 것은 기도해서 낳은 금쪽같은 자식이지만

그 아이를 하나님에게 바쳤다는 것입니다. 어떻게 얻은 자식입니까? 그 아이를 포기하는 것이 쉬웠겠습니까? 그러나 하나님이 주셨으니 하나님이 취하시라는 믿음으로 아이를 드린 것입니다. 한 방에 결단하는 것이 바로 좋은 믿음입니다.

이러한 엘가나와 한나의 믿음에 하나님이 어떻게 행하시는지를 보십시오. 하나님은 평생을 헌신한 집안을 귀하게 사용하십니다. 훗날 이 아이가 자라서 누가 됩니까? 이스라엘의 최고 지도자인 사무엘이 됩니다. 사울과 다윗에게 기름을 부어 이스라엘의 왕통을 열어 갔던 당대 최고의 지도자로 쓰임을 받게 됩니다.

가문의 영광을 회복하시다

역대상 6장에는 레위 지파의 계보가 나옵니다. 그중 34절에 익숙한 이름이 등장하는데, 바로 사무엘입니다.

> 사무엘은 엘가나의 아들이요 엘가나는 여로함의 아들이요 여로함은 엘리엘의 아들이요 엘리엘은 도아의 아들이요.

그리고 48절을 보면 이렇게 기록되어 있습니다.

그들의 형제 레위 사람들은 하나님의 집 장막의 모든 일을 맡았더라.

무슨 말입니까? 사무엘상 1장 1절은 엘가나를 "에브라임 산지 라마다임소빔에 에브라임 사람 엘가나"라고 소개하지만, 그는 원래 레위 지파 사람이라는 것입니다. 그저 에브라임 산지에 살고 있었던 것뿐입니다. 레위 지파는 잘 알듯이 대대로 제사장을 배출해 낸 지파입니다.

'사무엘'이라는 이름의 뜻이 무엇입니까? '하나님이 들으셨다'입니다. 하나님이 한나의 기도를 들으셔서 그 아들의 때에 가문의 영광을 회복해 주셨습니다. 하나님의 집 장막의 모든 일, 곧 성전을 섬기는 본질적인 직분을 회복해 주셨습니다. 우리는 영적인 축복권을 회복해야 합니다. 면류관을 빼앗기지 말고, 촛대를 빼앗기지 말고 본질을 늘 지켜야 합니다.

하나님의 축복은 여기서 그치지 않았습니다. 본문 21절을 보십시오.

여호와께서 한나를 돌보시사 그로 하여금 임신하여 세 아들과 두 딸을 낳게 하셨고 아이 사무엘은 여호와 앞에서 자라니라.

평생 아기를 낳지 못해 한을 품고 기도한 한나에게 하나님은 태를 열어 세 아들과 두 딸을 보너스 축복으로 주셨습니다.

예배를 소중히 여기십시오. 내가 주님의 일을 하면 주님은 내 일을 해 주십니다. 내가 하나님 앞에서 먼저 그분의 나라와 그분의 의를 구하면 하나님은 모든 것을 보너스로 더해 주십니다.

너희 염려를 다 주께 맡기라 이는 그가 너희를 돌보심이라 (벧전 5:7).

하나님에게 맡기십시오. 하나님이 나를 불쌍히 여기시고, 하나님이 나를 돌봐 주시면 됩니다. 엘가나의 가정이 쓰임 받을 수 있었던 것은 하나님이 그 가정의 기도를 들어주셨기 때문입니다. 기도를 듣고 그 가정을 돌봐 주셨기 때문입니다. 하나님이 지키지 않으시면 파수꾼의 깨어 있음이 헛되다는 것을 기억하십시오.

여호와께서 집을 세우지 아니하시면 세우는 자의 수고가 헛되며 여호와께서 성을 지키지 아니하시면 파수꾼의 깨어 있음이 헛되도다(시 127:1).

엘리 집안의 결말

아비아달을 쫓아내어 여호와의 제사장 직분을 파면하니 여호와께서 실로에서 엘리의 집에 대하여 하신 말씀을 응하게 함이더라(왕상 2:27).

엘리의 집안은 3-4대에 이르러 완전히 파면됩니다. 하나님이 엘리의 집에 대해 하신 말씀이 그대로 응답된 것입니다. 하나님을 미워하고 죄를 짓는 자들은 3-4대까지 보응하시지만, 하나님을 사랑하고 그 계명을 지키는 자들은 천대까지 복을 받는다는 말씀이 그대로 이루어진 것입니다.

우리는 엘리의 집안을 반면교사로 삼아야 합니다. 엘가나 가정의 신앙을 본받아야 합니다. 중요한 것은 예배입니다. 정기적인 예배를 소중히 여기십시오. 날마다 가정 예배를 드리려고 애를 쓰십시오. 가정 예배가 힘들다면 기도와 말씀 보기를 힘쓰십시오. 그럴 때 천대까지 복을 받는 믿음의 가정을 이루게 될 것입니다.

■ 당신이 '야다'로 아는 하나님은 어떤 분이십니까? 하나님을 아는 지식이 당신의 믿음을 얼마만큼 더 성장하게 해 주었습니까?

하나님과 주 예수 그리스도의 종 야고보는
흩어져 있는 열두 지파에게 문안하노라
내 형제들아 너희가 여러 가지 시험을 당하거든
온전히 기쁘게 여기라
이는 너희 믿음의 시련이 인내를 만들어 내는 줄 너희가 앎이라
인내를 온전히 이루라 이는 너희로 온전하고 구비하여
조금도 부족함이 없게 하려 함이라
(약 1:1-4).

6 °

믿음으로 배우는 '인생의 진선미'

인생의 쓴맛이 믿음의 단맛을 만든다

'오미자'라는 열매가 있습니다. 다섯 가지 맛이 난다고 해서 오미자인데, 신앙에도 이러한 열매가 있음을 봅니다. 본문에 따르면, 시련과 시험과 인내를 통해 마침내 완벽한 사람이 된다는 것입니다.

사람은 복잡한 인간관계 속에서 인생의 쓴맛과 단맛을 맛보면서 속이 깊어지곤 합니다. 컬러풀한 인격을 갖추게 되는 것입니다. 그 대표적인 인물이 야곱입니다. 야곱은 사기꾼이요, 약탈자였지만 험악한 세월을 거치면서 이긴 자, 이스라엘로 그 신분이 바뀌었습니다.

> 그가 이르되 네 이름을 다시는 야곱이라 부를 것이 아니요 이스라엘이라 부를 것이니 이는 네가 하나님과 및 사람들과 겨루어 이겼음이니라(창 32:28).

하나님의 성품을 이루는 인내

하나님과 주 예수 그리스도의 종 야고보는 흩어져 있는 열두 지파에게 문안하노라(약 1:1).

본문의 기자는 예수님의 동생인 야고보입니다. 어떻게 보면 예수님의 동생으로서 자신의 자리를 과시할 수도 있을 텐데, 그는 자신을 '예수님의 종'으로 낮춰서 소개하며 흩어져 있는 열두 지파에게 문안합니다. 겸손함과 의사소통 능력을 갖춘 사람이라면 어디 가서든지 쓰임 받게 됩니다.

내 형제들아 너희가 여러 가지 시험을 당하거든 온전히 기쁘게 여기라(약 1:2).

야고보의 별명은 '낙타 무릎'입니다. 늘 기도로 무릎 꿇는 삶을 살았기 때문입니다. 한마디로 그는 기도의 사람, 겸손의 사람, 소통의 사람이었습니다. 그 야고보가 흩어져 있는 성도들에게 편지하는데 첫마디가 '여러 가지 시험을 당할 것'이라는 것입니다. 그러면서 그런 문제들이 들이닥칠 때 두려워하지 말고 온전히 기쁘게 여기라고 당부합니다.

이는 너희 믿음의 시련이 인내를 만들어 내는 줄 너희가 앎이라(약 1:3).

그는 이어서 '인내'를 이야기합니다. 인내란 참는 것, 버티는 것, 견디는 것입니다. 베드로후서 1장에는 신성한 성품이 나오는데, 그 성품의 중요한 요소가 바로 '인내'입니다.

그러므로 너희가 더욱 힘써 너희 믿음에 덕을, 덕에 지식을, 지식에 절제를, 절제에 인내를, 인내에 경건을(벧후 1:5-6).

고린도전서 13장에서도 사랑의 요소로 '오래 참음'을 이야기하고, 갈라디아서 5장의 성령의 아홉 가지 열매에도 '오래 참음'이 포함되어 있습니다.

사랑은 오래 참고(고전 13:4).

오직 성령의 열매는 사랑과 희락과 화평과 오래 참음과 자비와 양선과 충성과(갈 5:22).

무슨 말입니까? 얼마나 참고 버티고 기다리느냐가 그 사람의 수준을 결정한다는 것입니다. 우리는 인내의 과정을 통해 마침내 완벽한 사람이 되는 것입니다.

배추가 김치가 되려면 일곱 번을 죽어야 한다고 합니다. 첫 번째는 밭에서 뽑히며 죽고, 두 번째는 날카로운 칼에 쪼개지며 죽고, 세 번째는 소금에 절여지며 죽고, 네 번째는 지독한 양념에 버무려지며 죽고, 다섯 번째는 항아리에 담겨 땅속에 묻혀 죽고, 여섯 번째는 꺼내어져 잘릴 때 죽고, 일곱 번째는 입속에서 씹히며 분해되어 마지막 죽음을 맞는 것입니다. 우리는 겉절이 같은 인생을 살아서는 안 됩니다. 깊은 맛이 날 때까지 하나님에 의해 다듬어지는 인생을 살아야 합니다. 하나님이 조리하시도록 인생을 내어 드리십시오.

로마서 5장 3-4절은 이렇게 말씀합니다.

> 다만 이뿐 아니라 우리가 환난 중에도 즐거워하나니 이는 환난은 인내를, 인내는 연단을, 연단은 소망을 이루는 줄 앎이로다.

인생을 살아갈 때 믿음의 역사와 소망의 인내와 사랑의 수고가 있는데, 이 믿음, 소망, 사랑이 만날 때 아름다운 카리스마가 나타납니다. 믿음, 소망, 사랑을 이루기 위해서는 그 가운데 인내, 연단, 환난이라는 요소가 필요하다는 것입니다.

꽃길이 아닌 십자가의 길을 걸으라

요즘 많은 사람이 인생의 역류성 식도염에 시달리고 있습니다. 역류란 거꾸로 흐르는 것입니다. 모든 것이 순리를 따라야 하는데 순리가 역리가 되면서 우리 몸이 거꾸로 반응하는 것입니다. 잠을 자야 하는데 잠을 이루지 못하고 음식물을 먹어도 소화가 안 되는 현상들이 나타나면서 현대인들의 마음에 쓴 물이 나온다는 것입니다. 이럴 때일수록 붙잡아야 할 것은 하나님의 말씀입니다. 하나님은 사랑하는 자에게 잠을 주시는 분입니다. 하나님은 우리를 우리가 바라는 항구로 인도해 주십니다.

> 너희가 일찍이 일어나고 늦게 누우며 수고의 떡을 먹음이 헛되도다 그러므로 여호와께서 그의 사랑하시는 자에게는 잠을 주시는도다(시 127:2).

> 그들이 평온함으로 말미암아 기뻐하는 중에 여호와께서 그들

이 바라는 항구로 인도하시는도다(시 107:30).

성경에 보면 하나님의 사람들은 꽃길을 걸어가는 법이 없습니다. 심지어 성경은 '좁은 길을 가라', '십자가를 지고 가라', '복음과 함께 고난을 받으라', '영문 밖으로 나가라'라고 가르치고 있습니다. 몸에 좋은 약은 입에 쓰고, 우리 몸을 건강하게 하는 운동은 우리 몸을 힘들게 한다는 것을 기억해야 합니다.

찬송도 그렇습니다. 찬송이 너무 달콤하거나 가벼우면 감동이 덜합니다. 어떤 사람의 찬송이 가슴에 와 닿을 때 보면 그 안에 사연이 담겨 있는 경우가 대부분입니다.

그림을 그리는 사람들의 이야기를 들어 보면, 붉은색을 표현할 때는 빨간 물감만 쓰면 안 된다고 합니다. 빨간 물감에 검은 물감을 조금 섞으면 탈색도 되지 않고 오래간다고 합니다. 인생도 그렇습니다. 아픔이 있고 눈물이 있는 사람만이 인생의 진선미를 비로소 알게 됩니다.

성경은 이런 우리를 향해 애매하게 살지 말 것을 주문합니다. 믿음의 사람은 삶의 방식이 분명해야 한다는 것입니다.

> 내가 네 행위를 아노니 네가 차지도 아니하고 뜨겁지도 아니하도다 네가 차든지 뜨겁든지 하기를 원하노라 네가 이같이 미지근하여 뜨겁지도 아니하고 차지도 아니하니 내 입에서 너를 토하여 버리리라(계 3:15-16).

우리는 차가운 것이든 뜨거운 것이든 시원하다고 말합니다. 차든지 뜨겁든지 해야 이런 반응을 보일 수 있습니다. 차지도 않고 뜨겁지도 않은 것은 아무런 감탄을 자아내지 못합니다. 더 나아가 주님은 토해 버릴 거라고 말씀하십니다. 그런 미지근한 맛이 나면 안 된다는 것입니다. 우리의 신앙도 마찬가지입니다. 복음에 세상적인 것이 섞여서는 안 됩니다. 우리는 원색적인 복음, 피 묻은 십자가만을 붙잡아야 합니다.

하나님의 레시피를 신뢰하는 인생

사도 바울은 이렇게 고백합니다.

> 곧 모든 겸손과 눈물이며 유대인의 간계로 말미암아 당한 시험을 참고 주를 섬긴 것과(행 20:19).

사도 바울의 믿음은 하루아침에 생긴 것이 아닙니다. 하나님은 그의 믿음을 단련시키기 위해 당신의 레시피 안에 눈물과 연단과 환난과 시험과 인내를 섞으셨습니다. 그때 비로소 카리스마 있는 믿음이 만들어집니다.

시련과 연단을 통해 세상과 연결되어 있던 줄이 끊기고 가치관이 바뀔 때, 우리는 세상이 주는 소망이 아닌 하나님 나라에 대한 건강한 가치관을 갖게 됩니다. 그럴 때 우리 입에서 다음의 고백이 터져 나오는 것입니다.

> 고난 당한 것이 내게 유익이라 이로 말미암아 내가 주의 율례들을 배우게 되었나이다(시 119:71).

이렇게 고백할 때 주님을 향해 담대히 일어날 수 있습니다.

인생이든 입맛이든 단맛을 좋아하지 마십시오. 단맛만 즐기다가는 큰 병에 걸리기 십상입니다. 하나님이 우리에게 환난과 고통과 아픔을 허락하시는 이유는, 그래야 우리가 건강한 믿음을 가질 수 있기 때문입니다. 그래야 온전히 기뻐하는 것이 무엇인지를 기억할 수 있기 때문입니다. 우리는 그러한 과정들을 통해서 온전한 사람, 깊이 있는 사람, 요동치 않는 심지 깊은 영성을 가진 사람으로 세워집니다.

> 여러 가지 시험을 당하거든 온전히 기쁘게 여기라 이는 너희 믿음의 시련이 인내를 만들어 내는 줄 너희가 앎이라(약 1:2-3).

우리 모두 인내의 과정을 거쳐 하나님의 온전한 사람으로 세워지기를 축복합니다.

— 당신이 힘들 때마다 붙잡는 말씀은 무엇입니까? 그 말씀을 붙잡는 이유는 무엇입니까? 그 말씀을 묵상하며, 말씀으로 힘 주시는 하나님을 찬양합시다.

신앙생활에 지름길이나 속성 코스는 없습니다.

땀 흘림 없이는 성공이 없고,

눈물의 기도 없이는 응답이 없고,

십자가 없이는 영광도 없습니다.

3부

회복을 경험한 믿음의 선배들

관계가 회복될 때
믿음은 살아난다

유월절 엿새 전에 예수께서 베다니에 이르시니
이곳은 예수께서 죽은 자 가운데서 살리신 나사로가 있는 곳이라
거기서 예수를 위하여 잔치할새 마르다는 일을 하고
나사로는 예수와 함께 앉은 자 중에 있더라
마리아는 지극히 비싼 향유 곧 순전한 나드 한 근을 가져다가
예수의 발에 붓고 자기 머리털로 그의 발을 닦으니
향유 냄새가 집에 가득하더라
(요 12:1-3).

1 °

믿음의 두 날개가 된 '마리아와 마르다'

하나님은 스펙이 아닌 스토리를 보신다

신앙생활을 건강하게 하기 위해서는 원칙이 있어야 합니다. '하나님을 영화롭게', '가정을 행복하게', '교회를 건강하게', '세상을 아름답게', '인격을 향기롭게'와 같은 원칙 말입니다. 우리는 먹든지 마시든지 하나님을 기쁘시게 하겠다는 큰 목표를 가져야 합니다.

사람이 살아가는 목적은 하나님을 영화롭게 하고 그분을 영원토록 즐거워하는 것입니다. 이러한 목적이 설정되면 그다음 단계는 가정의 행복으로 이어집니다. '가화만사성'(家和萬事成), 가정이 화목해야 모든 일이 잘된다는 말처럼 가정의 행복은 또다시 교회의 건강으로 이어집니다. 교회가 건강성을 잃어버리면 심각해지기 때문에 교회는 반드시 건강해야 합니다.

바른 신학의 틀 안에서 건강한 신앙생활을 하는 사람

이 살아가는 세상은 참 아름답습니다. 그리고 그런 사람의 인격은 향기롭습니다. 우리는 이러한 모습을 베다니의 나사로, 마르다, 마리아의 가정에서 볼 수 있습니다.

베다니의 세 남매를 사랑하신 예수님

좋은 가정, 건강한 가정, 행복한 가정의 특징은 잔칫집처럼 풍성하고 친정처럼 편안하다는 것입니다. 본문은 베다니에 있는 나사로의 집에서 예수님을 위한 잔치가 벌어졌다고 말씀합니다. 아마도 죽었다가 다시 살아난 나사로와 그의 누이들이 잔치를 연 것 같습니다.

이 가정의 조건이 다 좋은 것은 아닙니다. 소위 말하는 결손 가정입니다. 부모 없이 세 남매가 살아가는데, 결손 가정에서는 찾아볼 수 없는 남다른 우애와 개성이 이들에게 잘 드러납니다. 그러고 보면 스펙이나 주변 환경이 꼭 좋아야만 하는 것은 아닌 것 같습니다. 다니엘만 봐도 그렇습니다. 다니엘은 나라가 망하고, 성전이 불타고, 집안은 완전히 '풍비박산'(風飛雹散)이 되어 부모의 생사조차도 모른 채 바벨론에 포로로 끌려갔지만, 그는 이런 배경을 가졌음에도 왕권이 바뀌고, 정권이 바뀌고, 제국이 바뀔 때까지 무려 세 번에 걸쳐서 총리대신의 역할을 감당합니다.

요셉의 상황은 더 암담합니다. 요셉은 어릴 때 어머니가 동생을 낳다가 죽고 맙니다. 뿐만 아니라 믿었던 형들에게 인신매매를 당해 보디발의 집에서 노예 생활을 하다가 억울한 누명을 쓰고 감옥에 갇히는 등 청춘을 잃어버린 세월을 살게 됩니다. 그럼에도 그는 형들을 원망하지 않고 이 모든 것은 하나님의 계획에 의해 행해진 일임을 고백합니다. 이처럼 성경 어디를 봐도 결손 가정이라 해서 문제가 되는 것은 아님을 알 수 있습니다.

유월절 엿새 전에 예수께서 베다니에 이르시니(요 12:1a).

예수님의 사역은 대개 절기를 중심으로 행해집니다. 본문 역시 예수님이 유월절 엿새 전에 베다니에 이르셨다고 기록하고 있습니다. 이 유월절은 이스라엘 백성에게는 명절 같은 날이라 할 수 있습니다.

성경의 기록을 보면 예수님이 가장 많이 방문하고 위로하신 가정이 바로 나사로의 가정입니다. 예수님이 이 가정을 자주 찾아가신 것은 세 남매의 개성이 아주 뚜렷했기 때문이 아닐까 생각합니다. 나사로는 예수님으로 인해 죽음에서 살아난 남다른 경험이 있는 사람이고, 마르다는 방문하실 때마다 예수님을 잘 대접했으며, 마리아는 향유 옥합을 깨뜨려 예수님에게 부어 드린 사람이었습니다.

간증 거리가 있는 나사로

이곳은 예수께서 죽은 자 가운데서 살리신 나사로가 있는 곳이라(요 12:1b).

"호랑이는 죽어서 가죽을 남기고 사람은 죽어서 이름을 남긴다"는 말처럼, 그리스도인은 죽어서 간증 거리를 남겨야 합니다. 스펙(spec)이 아니라 스토리(story)를 남겨야 합니다. 예수님을 만나서 그분으로 인해 변화된 이야기를 간증이라고 하는데, 나사로가 그런 간증을 남긴 사람이었습니다.

예수께서 본래 마르다와 그 동생과 나사로를 사랑하시더니(요 11:5).

성경은 예수님이 나사로를 사랑하셨다고 말씀합니다.

여기서 알 수 있는 것은, 예수님이 사랑하시는 사람도 교통사고가 나고 암이 생기는 등 문제가 찾아올 수 있다는 것입니다. 야고보서 1장 2절은 "내 형제들아 너희가 여러 가지 시험을 당하거든 온전히 기쁘게 여기라"라고 말씀합니다. 시험이 오더라도 떨거나 쫄지 말고 온전히 기쁘게 여기라는 것입니다.

나사로의 집안은 유전적으로 몸이 많이 약했던 것 같습니다. 부모님을 일찍 여의고 세 남매가 살아가는데 오빠마저 병에 걸렸습니다. 이런 상황에서 예수님은 뭐라고 말씀하셨습니까?

이 병은 죽을병이 아니라(요 11:4).

저는 나사로의 이야기 중에 이 말씀을 가장 좋아합니다. 교육 전도사 시절 첫 심방을 가서 한 설교가 이 내용이었습니다. 간암에 걸려 누워 계신 집사님을 향해 '이 병은 죽을병이 아니라, 나사로야 나오너라' 하며 설교했는데, 그때를 생각하면 아직도 얼굴이 화끈거립니다. 그런데 놀라운 것은, 그 집사님이 하나님의 은혜로 회복되어서 지금은 교직을 마치고 뉴질랜드에 가서 살 정도로 건강해졌다는 것입니다.

나사로는 예수와 함께 앉은 자 중에 있더라(요 12:2b).

본문은 나사로가 예수님과 함께 앉았다고 말씀합니다. 이 말은 나사로가 그 집에서 가장의 역할을 하고 있다는 것입니다. 그는 주님을 만나 죽은 자 가운데서 살리심을 받음으로 가장의 자리를 잘 지켜 낼 수 있었습니다.

환영하고 환대한 마르다

거기서 예수를 위하여 잔치할새 마르다는 일을 하고(요 12:2a).

성경에서 마르다는 유독 일꾼의 이미지가 강한 사람입니다. 누가복음 10장에서 예수님이 베다니 나사로의 집을 방문하셨을 때, 앞에 쫓아 나가 환영하고 영접한 사람이 마르다였습니다.

그들이 길 갈 때에 예수께서 한 마을에 들어가시매 마르다라 이름하는 한 여자가 자기 집으로 영접하더라(눅 10:38).

음식 솜씨가 뛰어났던지, 그녀는 잔치를 벌일 때마다 늘 일하는 자리에 있었습니다. 그런데 일을 잘하는 사람의 특징이 무엇입니까? 일하지 않거나 게으른 사람을 눈 뜨고 못 본다는 것입니다. 또한 쉽게 누군가를 원망한다는 것입니다. 일을 잘하는 사람은 다른 사람에 대한 원망을 조심해야 합니다.

한 부모 밑에서 태어난 형제라도 성격이 다르고, 생각이 다르고, 신앙이 다릅니다. 마르다와 마리아도 그랬습니다. 마르다는 열심히 일한 반면, 마리아는 예수님 발치에 앉아 말씀을 들었습니다. 그리고 이 모습을 본 마르다는 원망하기 시작했습니다. 혼자서 열심히 일하다 보니 행사가 행복이 되어야 하는데 피곤이 되어 버린 것입니다. 일이 사명이 아니라 부담이 된 것입니다. 하지만 저는 일 잘하고 살림을 도맡아 했던 마르다가 있었기에 이 집안이 이렇게 유지될 수 있었다고 생각합니다.

향유를 부은 마리아

예수께서 눈물을 흘리시더라(요 11:35).

성경에 예수님이 우셨다는 표현이 딱 세 번 등장하는데, 그중에 한 번이 이 말씀입니다. 예수님은 마리아가 우는 것을 보고 눈물을 흘리셨습니다. 예수님의 마음을 가장 잘 알아 드리고, 예수님의 마음을 가장 기쁘시게 해 드린 여자가 마리아라는 것입니다.

> 마리아는 지극히 비싼 향유 곧 순전한 나드 한 근을 가져다가 예수의 발에 붓고 자기 머리털로 그의 발을 닦으니 향유 냄새가 집에 가득하더라(요 12:3).

여기에 더해서 마리아는 여자가 가장 '애지중지'(愛之重之)하는 옥합을 깨뜨려 사랑하는 예수님을 위해 향기를 진동하게 만들었습니다. 이는, 마리아는 사람 냄새를 피우는 사람이 아니라 예수님의 향기를 진동시킨 사람이었다는 것입니다.

아버지의 자리를 지켰던 나사로나 어머니처럼 살림을 돌봤던 마르다와는 달리 마리아는 하는 일이 별로 없었습니다. 하지만 마리아는 온 집안에 사람 냄새, 돈 냄새가 아닌 예수 향기가 진동하게 만들었습니다. 예수님이 태어나실 때 동방의 박사들이 황금, 유향, 몰약을 드렸듯이, 마리아는 지금 향유를 부으며 예수님의 장례식을 준비하고 있는 것입니다.

우리는 마르다처럼 섬기고 마리아처럼 예배해야 합니

다. 두 날개가 있어야 새가 날 수 있듯이, 예배와 섬김은 함께 가야 합니다.

저는 이 가정의 결손이 하나님 앞에서 복되고 행복한 가정을 만들어 가는 요소가 되었다고 생각합니다. 그것 때문에 기도하고, 그것 때문에 중보하고, 그것 때문에 겸손해지기 때문입니다. 마음에 쓴 뿌리가 있거나 집안에 부끄러운 일이 생겼다면 문제를 문제 삼지 말고, 문제를 기도 제목으로 삼으십시오. 그 문제가 가정을 더 결속하게 해 줄 것입니다. 그리고 그렇게 결속하게 될 때 가정 안에서 그리스도의 향기가 진동하게 될 것입니다.

- 당신은 신앙적인 면에서 나사로, 마르다, 마리아 중 누구와 더 닮았다고 생각합니까? 그렇게 생각하는 이유는 무엇입니까?

야곱은 홀로 남았더니
어떤 사람이 날이 새도록 야곱과 씨름하다가
자기가 야곱을 이기지 못함을 보고
그가 야곱의 허벅지 관절을 치매
야곱의 허벅지 관절이 그 사람과 씨름할 때에 어긋났더라
그가 이르되 날이 새려 하니 나로 가게 하라
야곱이 이르되 당신이 내게 축복하지 아니하면
가게 하지 아니하겠나이다
그 사람이 그에게 이르되 네 이름이 무엇이냐
그가 이르되 야곱이니이다
그가 이르되 네 이름을 다시는 야곱이라 부를 것이 아니요
이스라엘이라 부를 것이니
이는 네가 하나님과 및 사람들과 겨루어 이겼음이니라
야곱이 청하여 이르되 당신의 이름을 알려 주소서
그 사람이 이르되 어찌하여 내 이름을 묻느냐 하고
거기서 야곱에게 축복한지라
그러므로 야곱이 그곳 이름을 브니엘이라 하였으니
그가 이르기를 내가 하나님과 대면하여 보았으나
내 생명이 보전되었다 함이더라
그가 브니엘을 지날 때에 해가 돋았고
그의 허벅다리로 말미암아 절었더라
(창 32:24-31).

2 °

믿음의 진검 승부로 성취한 '야곱의 축복'

포기하지 않는 자가 전부를 누린다

성경이 말하는 '복 있는 사람'은 어떤 사람일까요? 다윗의 고백에 의하면, 하나님을 자신의 힘으로 삼은 사람이 복 있는 사람입니다.

> 의인이 보고 두려워하며 또 그를 비웃어 말하기를 이 사람은 하나님을 자기 힘으로 삼지 아니하고 오직 자기 재물의 풍부함을 의지하며 … 그러나 나는 하나님의 집에 있는 푸른 감람나무 같음이여 하나님의 인자하심을 영원히 의지하리로다 (시 52:6-8).

하박국의 고백에 의하면, 하나님을 만나고 하나님의 하나님 되심을 깨달은 사람이 복 있는 사람입니다.

나는 여호와로 말미암아 즐거워하며 나의 구원의 하나님으로 말미암아 기뻐하리로다(합 3:18).

그렇다면 본문의 주인공인 야곱의 축복은 무엇일까요?

야곱은 그가 말년에 고백했듯이 험악한 세월을 살아온 사람이었습니다. 그가 얼마나 인간적인지, 그의 이름 자체가 '사기꾼', '속이는 자'라는 뜻입니다. 그런 그가 이름 그대로 평생 형님을 속이고, 아버지를 속이고, 외삼촌을 속이고, 그렇게 속고 속이는 험악한 세월을 보내다가 20년 처가살이를 청산하고 고향 땅에 도착했습니다. 그런데 돌아와 보니 20년 동안 이를 갈며 죽이려고 덤비는 형님이 있습니다. 20년 동안 해결하지 못한 문제를 해결해 보려고 여러 가지 방법을 사용해 보지만 뜻대로 되지 않아 '진퇴양난'(進退兩難)의 상황에 처한 야곱 앞에 하나님이 나타나십니다. 그리고 야곱은 그 하나님과 씨름을 하게 되었다는 것이 본문의 내용입니다.

인생의 외딴길에서 하나님과 독대하다

야곱은 홀로 남았더니(창 32:24a).

인생은 고독한 것입니다. 믿어 주는 부모와 형제가 아무리 많아도 인생은 결국 하나님과 나와의 문제이기에 그렇습니다. 야곱은 모든 불필요한 것들을 떨쳐 버리고 하나님과 단둘이 만났습니다. 막다른 골목의 끝에서 하나님과 단둘이 만난 얍복 강의 이 자리가 야곱에게는 축복의 단계로 들어서는 첫걸음이 되었습니다.

사람이 아프거나 병에 걸려도 그 병을 잘 아는 명의를 만나면 문제 해결의 기회를 얻게 됩니다. 우리의 삶도 마찬가지입니다. 이 사람, 저 사람 만나 이런저런 노력을 기울여도 하나님을 만나지 않으면 진정한 해결책을 얻을 수 없습니다. 일보다 중요한 것은 본질입니다. 쓸데없는 것에 힘 빼지 말고 하나님을 붙잡으십시오.

하나님과 씨름하다

어떤 사람이 날이 새도록 야곱과 씨름하다가(창 32:24b).

우리의 삶은 전쟁의 연속입니다. 매일매일 영적인 전쟁을 치르기 위해 나가는 것이 인생입니다. 야곱은 그동안 여러 가지 싸움을 했지만, 여기에서는 하나님과 단둘이 샅바를 잡고 씨름을 하고 있습니다.

살면서 허무할 때가 언제입니까? 샅바 한번 제대로 잡아 보지도 못한 채 전혀 엉뚱하고 허무한 데서 우리 인생이 무너질 때입니다. 야곱이 천만다행한 것은 제대로 된 파트너를 만났다는 것입니다. 그는 더 이상 사람을 찾지 않고 하나님과 정면 승부를 벌입니다. 하나님의 바짓가랑이를 잡고 늘어지는 것입니다. 이는 영적인 전투 기도라고 볼 수 있습니다.

하나님과 겨루어 이기다

그가 이르되 날이 새려 하니 나로 가게 하라 야곱이 이르되 당신이 내게 축복하지 아니하면 가게 하지 아니하겠나이다(창 32:26).

끈질기게 붙잡고 늘어진 야곱은 결국 하나님을 이겼습니다. 죽을 각오를 하고 이기는 씨름을 했다는 것입니다. 기도의 롤 모델이 되는 한나의 기도에서 클라이맥스는 '이기는 기도'입니다. 한나가 성령 충만해서 술 취한 여자처럼 기도하자 엘리 제사장이 와서 책망합니다. 하지만 한나는 그런 사소한 오해에 목숨 걸지 않았습니다. 그녀는 응답받을 때까지 기도해서 떡두꺼비 같은 아들, 사무엘을 얻었습니다.

야곱도 그런 것입니다. 다리가 부러지고 모든 것이 무너지는 중에도 '일사각오'(一死覺悟)로 싸워서 이겼다는 것입니다. 그의 실력이 좋아서 이긴 것이 아닙니다. 포기하지 않았기에 이긴 것입니다.

> 귀 있는 자는 성령이 교회들에게 하시는 말씀을 들을지어다 이기는 그에게는 내가 하나님의 낙원에 있는 생명나무의 열매를 주어 먹게 하리라(계 2:7).

성경은 하나님이 이기는 자에게만 생명나무의 열매를 주어 먹게 하신다고 말씀합니다. 이 생명나무의 열매를 먹은 사람만이 영생할 수 있습니다.

져 주시는 하나님을 만나다

야곱이 천만다행한 것은, 그의 모든 과거와 허물을 알고도 속아 주고 져 주시는 하나님을 만났다는 것입니다. 그런데 하나님이 어떤 분입니까? 이사야 40장 28절은 하나님을 첫째, '영원하신 하나님'이라고 말씀합니다. 둘째, '피곤하지 않으며 곤비하지 않으신 분'이라고 말씀합니다. 셋째, '명철이 한이 없으신 분'이라고 말씀합니다. 우리는 이러한 하나님에게 기도하고 구하고 찾아야 합니다.

> 너는 알지 못하였느냐 듣지 못하였느냐 영원하신 하나님 여호와, 땅끝까지 창조하신 이는 피곤하지 않으시며 곤비하지 않으시며 명철이 한이 없으시며.

변화의 주역이 된 야곱

야곱이 받은 축복은 그가 변화의 주역이 되었다는 것입니다. 사기꾼 야곱이 이긴 자 이스라엘이 되었다는 것입니다. 변화가 중요합니다.

2017년, 종교 개혁 500주년을 맞아 많은 개혁 프로그

램이 나왔습니다. 여기서 개혁은 무엇입니까? '네가' 변화되는 것이 아니라 '내가' 변화되어야 하는 것입니다. '말'이 변화되는 것이 아니라 '삶'이 변화되어야 하는 것입니다. '껍데기'가 변화되는 것이 아니라 '본질, 핵심'이 변화되어야 하는 것입니다. 야곱은 그 변화의 과정을 통과한 주인공이 되었습니다. 그리고 그 변화의 결과로 그의 열두 아들이 이스라엘의 열두 지파가 되었습니다.

이삭이 그 땅에서 농사하여 그해에 백배나 얻었고 여호와께서 복을 주시므로 그 사람이 창대하고 왕성하여 마침내 거부가 되어(창 26:12-13).

야곱의 아버지는 이삭입니다. 위의 말씀에 따르면 이삭은 거부였습니다. 그 거부였던 아버지 이삭이 유산을 누구에게 물려줬을까요? 모든 재산은 100퍼센트 에서에게 갔을 것입니다. 야곱은 외삼촌 라반의 집에 도망가 있었기 때문에 그는 양 한 마리도 받지 못했을 것입니다. 그러나 문제는 재산이 아니었습니다. 회개할 기회를 놓쳐 버린 에서는 장자권을 빼앗겼고, 그의 후손인 에돔 족속은 역사에서 완전히 사라지게 되었습니다. 반면 야곱은 사기꾼 출신이었지만 죽을 팔아 장자권을 소유했고, 영적인 씨름에서 포기하지 않은 결과 하나님의 복을 받게 되었습니다.

> 나 여호와가 말하노라 에서는 야곱의 형이 아니냐 그러나 내가 야곱을 사랑하였고 에서는 미워하였으며 그의 산들을 황폐하게 하였고 그의 산업을 광야의 이리들에게 넘겼느니라(말 1:2-3).

위의 말씀에 따르면, 야곱이 받은 결정적인 축복은 하나님이 그를 사랑하셨다는 사실입니다. 하나님이 누구를 사랑하십니까?

> 나를 사랑하는 자들이 나의 사랑을 입으며 나를 간절히 찾는 자가 나를 만날 것이니라(잠 8:17).

야곱은 바로 이 말씀에 해당하는 사람이었습니다.

우리 삶도 마찬가지입니다. 주일날 드리는 예배 한 시간으로 우리의 영성이 자랄 수는 없습니다. 아무리 바쁘고 분주하고 피곤해도 말씀을 가까이하고, 기도로 깊이 들어가고, 때를 얻든지 못 얻든지 전도의 미련한 것으로 복음을 전해야 합니다. 믿음의 사람들과 교제권을 형성해 나가야 합니다. 그렇지 않으면 건강한 신앙생활을 하기가 너무나도 어렵습니다.

요즘 TV 채널은 수백 개가 넘습니다. 스마트폰만 들고 있어도 심심할 일이 없습니다. 온갖 뉴스와 게임으로 가득합니다. 그러다 보니 영적인 전투에서 마귀의 살바를 잡아 보기도 전에 나가떨어지는 사람이 많습니다. 그렇게 살아가기 쉽기 때문에 이 시대의 야곱의 축복은 돈을 많이 벌고 출세하는 것이 아닙니다. 얼마나 하나님과 친하고 가까운지가 중요합니다.

하나님께 가까이함이 내게 복이라(시 73:28).

야곱의 축복의 핵심은 재산이나 세상적인 성공이 아닙니다. 하나님을 가까이하는 것입니다. 야곱이 하나님과 단둘이 만나는 진검 승부로 들어가 하나님과 독대, 직고, 대면의 과정을 거치면서 비로소 인간적인 삶을 청산하고 변화의 주인공 이스라엘이 된 것처럼, 우리도 이 복잡한 현실 가운데서 떠밀려가지 않고 말씀과 기도의 영적인 씨름을 통해 변화되는 복이 있기를 바랍니다.

- 당신은 힘든 문제를 두고 야곱처럼 하나님과 기도로 씨름한 적이 있습니까? 있다면, 그 씨름의 결과는 무엇이었습니까?

여호와의 사자가 아비에셀 사람 요아스에게 속한
오브라에 이르러 상수리나무 아래에 앉으니라
마침 요아스의 아들 기드온이
미디안 사람에게 알리지 아니하려 하여
밀을 포도주 틀에서 타작하더니
여호와의 사자가 기드온에게 나타나 이르되
큰 용사여 여호와께서 너와 함께 계시도다 하매
기드온이 그에게 대답하되
오 나의 주여 여호와께서 우리와 함께 계시면
어찌하여 이 모든 일이 우리에게 일어났나이까
또 우리 조상들이 일찍이 우리에게 이르기를
여호와께서 우리를 애굽에서 올라오게 하신 것이 아니냐 한
그 모든 이적이 어디 있나이까 이제 여호와께서 우리를 버리사
미디안의 손에 우리를 넘겨주셨나이다 하니
여호와께서 그를 향하여 이르시되 너는 가서 이 너의 힘으로
이스라엘을 미디안의 손에서 구원하라
내가 너를 보낸 것이 아니냐 하시니라
그러나 기드온이 그에게 대답하되
오 주여 내가 무엇으로 이스라엘을 구원하리이까
보소서 나의 집은 므낫세 중에 극히 약하고
나는 내 아버지 집에서 가장 작은 자니이다 하니
여호와께서 그에게 이르시되 내가 반드시 너와 함께하리니
네가 미디안 사람 치기를 한 사람을 치듯 하리라 하시니라
(삿 6:11-16).

3 °

약속의 성취를 이루는 '기드온의 고백'

신뢰는 겁쟁이를 용사로 만든다

기드온을 부르시는 하나님

넓은 마당에 펴 말린 곡식을 도리깨를 가지고 치는 것이 타작의 풍경입니다. 그런데 본문에 등장하는 기드온은 미디안 군인들이 무서워 포도주 틀 속에 들어가 이삭을 털고 있습니다.

> 요아스의 아들 기드온이 미디안 사람에게 알리지 아니하려 하여 밀을 포도주 틀에서 타작하더니(삿 6:11).

사사 시대의 이스라엘은 나라꼴이 말이 아니었습니다. 계속해서 미디안과 블레셋에게 시달려 주권적인 역할을 감당할 수 없었습니다. 또한 적들이 계속 쳐들어와 농산

물을 다 털어가 버려 농사를 제대로 지을 수 없었습니다. 그러다 보니 추수하는 모습이 추수 같지 않게 되었습니다. 왜 이렇게 되었을까요?

> 이스라엘 자손이 또 여호와의 목전에 악을 행하였으므로 여호와께서 칠 년 동안 그들을 미디안의 손에 넘겨주시니(삿 6:1).

이스라엘의 악한 행실로 인해 하나님이 촛대를 옮겨 버리신 것입니다. 하나님은 이스라엘을 미디안의 손에 7년 동안 넘겨 버리십니다. 그러자 이스라엘 자손이 하나님에게 부르짖습니다.

> 이스라엘이 미디안으로 말미암아 궁핍함이 심한지라 이에 이스라엘 자손이 여호와께 부르짖었더라(삿 6:6).

살려 달라고 부르짖자 하나님은 그들에게 한 선지자를 보내 주십니다.

> 여호와께서 이스라엘 자손에게 한 선지자를 보내시니(삿 6:8).

사사기에는 반복되는 패턴이 있습니다. '평안(축복)-불

순종(타락)-고통(하나님의 심판)-기도(부르짖음)-구원(용서와 회복)'이 그것입니다. 이 과정이 일곱 번이나 반복됩니다.

저는 이 내용을 보면서 의인이 하나도 없는 이 세상에서 신앙생활을 잘하는 것은 다윗과 같이 얼른 회개하는 것임을 깨달았습니다. 얼른 돌이키는 것입니다. 얼른 주님 앞에 엎드리는 것입니다. 이스라엘 백성이 어려움을 당할 때 사사 시대의 살길은 부르짖는 것이었습니다. 그러면 하나님이 용서해 주셨습니다.

"큰 용사여"

하나님이 미디안을 대적할 수 있는 용사를 부르시는 장면이 본문의 내용입니다. 하나님은 미디안 사람의 눈을 피해 두려워 떨며 넓은 타작마당이 아닌 포도주 틀 속에 숨어서 타작하는 기드온을 부르셨습니다. 그런데 하나님이 그를 뭐라고 부르십니까?

> 여호와의 사자가 기드온에게 나타나 이르되 큰 용사여(삿 6:12a).

기드온의 상태와 하나님이 부르시는 내용이 완전히 딴

판입니다. 왜 그럴까요? 하나님은 사람을 당신의 사랑을 듬뿍 담아 부르십니다. 그때 사람의 생각은 중요하지 않습니다. 하나님의 뜻하심이 중요합니다. 하나님 보시기에 좋으면 되는 것입니다.

선글라스를 쓰면 어디를 가도 어둡습니다. 선글라스를 벗어야 환해집니다. 하나님은 지금 기드온이 쓴 선글라스를 벗겨 그의 시각을 교정해 주고 계십니다. 먼저 "큰 용사여!" 하고 부르신 후에 서서히 큰 용사로 만들어 가십니다. 그러면서 어떤 약속을 주십니까?

여호와께서 너와 함께 계시도다 하매(삿 6:12b).

기억하십시오. 인생 최고의 보험은 하나님이 함께하시는 것입니다. 하나님은 여호수아를 비롯한 믿음의 사람들을 들어 쓰실 때마다 "두려워하지 말며 놀라지 말라 네가 어디로 가든지 네 하나님 여호와가 너와 함께하느니라"(수 1:9)라고 말씀하셨습니다. 이것이 최고의 보증이요, 안전한 조치요, 최상의 특권이 됩니다.

오늘 우리에게 예배의 영광이 무엇입니까? 하나님의 강력한 임재를 누리는 것입니다. 예배하는 순간 우리 몸에 전율이 일어나고, 찬송이 하늘에 사무치고, 기도가 주님에게 상달되고, 선포된 말씀을 들을 때 가슴이 뛰는 것입니다. 그럴 때 흑암의 권세가 물러가고 마음이 살아나는 것이 예배입니다. 하나님이 강력하게 임하실 때 그런 회복이 일어나는 것입니다. 그런데 기드온의 대답을 보십시오.

> 기드온이 그에게 대답하되 오 나의 주여 여호와께서 우리와 함께 계시면 어찌하여 이 모든 일이 우리에게 일어났나이까 또 우리 조상들이 일찍이 우리에게 이르기를 여호와께서 우리를 애굽에서 올라오게 하신 것이 아니냐 한 그 모든 이적이 어디 있나이까 이제 여호와께서 우리를 버리사 미디안의 손에 우리를 넘겨주셨나이다 하니(삿 6:13).

당시 기드온과 이스라엘 백성은 이미 계속되는 미디안 군대의 압박에 의해 열등감, 수치감, 패배감에 절어 있는 상태였습니다. 안 된다는 것입니다. 무엇을 하든 안 된다는 이 패배감이 그들의 가장 큰 문제였습니다. 그러자 하나님은 다시 한 번 반대로 말씀하십니다. 마치 기드온과 하나님이 밀당을 하는 듯한 모습입니다.

> 여호와께서 그를 향하여 이르시되 너는 가서 이 너의 힘으로 이스라엘을 미디안의 손에서 구원하라 내가 너를 보낸 것이 아

니냐 하시니라(삿 6:14).

무슨 말입니까? '네가 용사가 되어 네 나라를 구하고 민족을 구원하라'는 것입니다. 힘도 없고 용기도 없는데 '네 힘으로' 하라는 것입니다. 벳새다 들판에서 5천 명을 먹이는 기적을 행하실 때도 예수님은 제자들에게 동일한 순종을 요구하셨습니다.

너희가 먹을 것을 주라(마 14:16; 막 6:37; 눅 9:13).

이것이 바로 하나님이 우리에게 도전하시는 모습입니다. 그러나 기드온은 이 도전을 쉽게 받아들이지 않았습니다.

오 주여 내가 무엇으로 이스라엘을 구원하리이까 보소서 나의 집은 므낫세 중에 극히 약하고 나는 내 아버지 집에서 가장 작은 자니이다(삿 6:15).

다윗이 성공한 것은 일평생 살아가면서 그가 자신을 왕으로 생각해 본 적이 없었기 때문입니다. 그는 항상 자신을 하나님 나라의 미천한 종이라고 생각했습니다. 그리고 그것이 성공의 비결이 되었습니다. 그런데 기드온의 고백도 다르지 않음을 봅니다. 기드온의 계속되는 의심과 두려움의 고백 앞에 하나님이 다시 한 번 강력한 처방을 주십니다.

> 여호와께서 그에게 이르시되 내가 반드시 너와 함께하리니 네가 미디안 사람 치기를 한 사람을 치듯 하리라 하시니라(삿 6:16).

저는 요즘 '필복, 필성, 필상, 필통'의 하나님을 자주 묵상합니다. 그 내용은 다음과 같습니다.

> 필복 - 반드시 너에게 복을 주리라(히 6:14a).
> 필성 - 반드시 너를 번성하게 하리라(히 6:14b).
> 필상 - 찾는 자들에게 반드시 상을 주리라(히 11:6).
> 필통 - 하나님에게 부르짖으면 하늘 문이 열리고 소통이 될 것이라(왕상 8:43).

하나님은 이런 분이십니다. 우리가 기도할 때, 하나님은 당신의 보좌를 움직여 응답하는 분이십니다. 하나님은 우리와 반드시 함께해 주십니다.

하나님은 겁쟁이 기드온과 대화를 주고받으면서 그의 마음속에 있는 사그라진 믿음을 일깨우고 계십니다. 잠자는 야성을 건드리시는 것입니다. 전투력과 믿음을 키워 주어 이 지질한 사나이가 300명의 용사를 이끄는 사령관이 될 수 있도록 그의 시각을 교정해 주고 계신 것입니다.

하나님에게 쓰임 받는 용사가 되라

사사 시대의 모습이 오늘 우리나라의 모습과 비슷하다는 이야기를 자주 듣습니다. 이 고비 지나면 저 고비가 오는 등 날마다 위기의 연속입니다. 무엇보다 요즘은 코로나로 인한 위기가 장기화되고 있는 것이 문제입니다.

농사는 늘 '춘하추동'(春夏秋冬)이 이어집니다. 봄철 파종기가 지나면 여름철 양육기가 오고, 양육기가 지나면 이어서 가을 추수 때가 옵니다. 추수를 마치고 겨울이 와도 농부는 쉴 수 없습니다. 가지치기와 땅을 갈아엎는 작업이 바로 이 겨울에 진행됩니다. 이처럼 농부는 사시사철을 한순간도 소홀히 할 수 없습니다. 철따라 농사일이 계속 이어지기 때문입니다. 그리스도인의 삶도 이와 같습니다. 우리는 믿음의 경주를 함에 있어 단 한순간도 게으름을 피우거나 경기에 소홀히 임해서는 안 됩니다.

이러므로 우리에게 구름같이 둘러싼 허다한 증인들이 있으니 모든 무거운 것과 얽매이기 쉬운 죄를 벗어 버리고 인내로써 우리 앞에 당한 경주를 하며(히 12:1).

성경은 전쟁 이야기입니다. 나타나는 대적에 따라 쓰임 받는 용사도 다릅니다. 미디안이 쳐들어오자 기드온을 들어 쓰시고, 블레셋이 쳐들어오자 삼손을 들어 쓰신 것처럼 말입니다. 하나님은 시대마다 그 땅에서 사람을 불러 쓰시는 것입니다.

'파레토 법칙'(Pareto's Law)이라는 것이 있습니다. '80대 20 법칙'이라고도 하는데, '전체 결과의 80퍼센트가 전체 원인의 20퍼센트에서 일어나는 현상'을 가리키는 용어입니다. 쉽게 말하면, 100명의 사람이 있어도 그중에 일꾼은 20명밖에 안 된다는 것입니다. 놀라운 것은, 이 파레토 법칙이 어디에든 적용된다는 사실입니다. 어디에서 나타났는지 항상 새롭게 20퍼센트가 만들어진다는 것입니다. 이스라엘 역사를 통해 봐도 미디안이 사라지자 블레셋이 나타난 것처럼 항상 대적이 있는 것입니다.

전쟁이 일어나면 군인이 많이 죽을까요, 민간인이 많이 죽을까요? 전쟁이 벌어지면 정작 피해를 보는 것은 민간인입니다. 그런데 더 힘겨운 전쟁이 있습니다. 전쟁

중에 가장 힘겨운 전투는 바로 '나 자신과의 싸움'입니다. 기드온은 지금 자신과의 싸움을 하고 있는 것입니다.

자신과의 싸움을 멈추는 방법은 간단합니다. '내가' 하면 됩니다. '나 자신'을 드리면 끝납니다. 요나를 보십시오. 파도가 치고 배가 뒤집히려 할 때 요나는 "나를 들어 바다에 던지라"(욘 1:12)라고 말했습니다. 그리고 그렇게 하자 광풍이 불던 파도가 잔잔해졌습니다.

하나님의 부르심은 계속됩니다. 전쟁이 있을 때마다 쓰임 받은 장군이 다르듯이, 하나님은 시대마다 그 땅에서 한 사람을 불러 쓰십니다. 이스라엘 민족이 하만에게 어려움을 당할 때 고아 출신 에스더를 들어 쓰셨던 것처럼 말입니다.

> 네가 왕후의 자리를 얻은 것이 이때를 위함이 아닌지 누가 알겠느냐 하니(에 4:14).

시대의 우울을 거절하십시오. 그리고 하나님이 주신 소명이 있다면 하나님 앞에 부르짖어 기도하고, 소리 높여 찬송하고, 하나님이 주신 말씀을 붙들고 선포하십시오. 감사함으로 받으면 버릴 것이 없습니다. 사건보다 해석이 중요하기에 그렇습니다. 저주 같은 축복이 있기에 그렇습니다.

하나님은 합력해서 선을 이루시기에 그렇습니다. 합력해서 선을 이룬다는 것은, 안 좋은 일조차도 어느 순간에 가면 그것이 인생의 큰 플러스알파가 되게 하신다는 것입니다.

"은혜는 전달되고, 시험은 전염이 되고, 전염병은 감염이 되고, 사랑은 감동이 된다." 제가 만든 말인데 잘 만든 것 같습니다. 우리는 시험 거리를 전염시키는 사람이 아니라 사랑의 전달자, 축복의 통로가 되어야 합니다. 하나님의 은혜를 헛되이 받지 말아야 합니다. 선으로 악을 이겨야 합니다. 사랑의 힘을 믿으십시오.

빼앗긴 들에도 봄은 옵니다. 고목에도 꽃이 피고 열매가 맺힙니다. 상수리나무가 통째로 잘려 나가도 하나님은 남아 있는 그루터기를 통해 새 역사를 이루어 가십니다.

아파 봐야 건강의 소중함을 알고, 보릿고개를 지나 본 사람이 일용할 양식의 귀함을 알고, 불면의 밤을 뜬눈으로 지새워 본 사람이 하나님이 주신 평강이 얼마나 소중한가를 알게 됩니다. 우리가 안 좋을 때도 감사할 수 있는 것은 이것이 하나님을 믿는 믿음의 본질이기 때문입니다.

- 하나님에게 쓰임 받는 사람이 되기 위해서는 어떤 믿음의 조건이 충족되어야 한다고 생각합니까? 그 조건을 충족하기 위해 당신이 더욱 노력해야 하는 영역은 무엇입니까?

다니엘은 뜻을 정하여 왕의 음식과
그가 마시는 포도주로 자기를 더럽히지 아니하리라 하고
자기를 더럽히지 아니하도록 환관장에게 구하니
하나님이 다니엘로 하여금 환관장에게
은혜와 긍휼을 얻게 하신지라
(단 1:8-9).

4

하나님과의 거룩한 동행을 이끄는 '다니엘 계실평'

태도를 보면 실력을 알 수 있다

성경에 수많은 사람이 나오지만, 다니엘은 참 독특한 인생을 살았던 사람입니다. 그는 자신을 향한 하나님의 목적을 늘 염두에 두고 뜻을 정한 인생을 살았습니다. 그는 말만 거창한 신앙인이 아니었습니다. 그는 먹을거리 하나에도 관심을 기울여 하나님 앞에서 거절할 것은 거절할 줄 아는 사람이었습니다.

> 그러므로 염려하여 이르기를 무엇을 먹을까 무엇을 마실까 무엇을 입을까 하지 말라(마 6:31).

위의 구절은 예수님이 전해 주신 산상보훈의 말씀입니다. 저는 이것이 가난한 사람들에게만 해당되는 말씀인 줄 알았습니다. 그런데 어떻습니까? 우리는 가난하든 부요하든 무엇을 먹고 마실지를 신경 써야 합니다. '먹고 싶은 대로, 자고 싶은 대로, 하고 싶은 대로 하면 무사히 지옥 간다'는 말이 있습니다. 우리는 주어진 삶을 뜻 없이, 개념 없이, 생각 없이 살아서는 안 된다는 것입니다. 다니엘과 같이 뜻을 정하고 사십시오.

절망이 깊을수록 예수를 바라보라

하나님은 소원이 있는 사람을 소원의 항구로 밀어붙이십니다. 또한 부르짖으며 기도하는 자에게 응답을 주십니다. 다니엘은 나라가 망해서 바벨론에 포로로 끌려가 있는 절망적인 상황에서도 선명한 뜻을 정하고 자기를 더럽히지 않았습니다. 그리고 그런 그에게 하나님은 은혜를 베풀어 주셨습니다.

> 하나님이 다니엘로 하여금 환관장에게 은혜와 긍휼을 얻게 하신지라(단 1:9).

제2차 세계대전 때 가스실에서 살아 나온 코리 텐 붐(Corrie ten Boom)이 이런 말을 남겼습니다. "사람이 세상을 바라보면 고통이 오고, 자신의 내면을 바라보면 우울해지고, 예수님을 바라보면 안식이 온다." 우리는 힘든 세상을 살아가고 있지만, 그럴수록 더욱더 예수님을 바라봐야 합니다.

다니엘을 보십시오. 최악의 상황, 희망이 절망이 된 입장에서 선명한 뜻을 정하여 사람들 눈에나 하나님 보시기에 구별된 삶을 감당했을 때 한 번 하기도 어려운 총리를 바벨론, 메대 바사, 페르시아 제국에 이르기까지 내리 세 번을 감당하게 되었습니다. 삶을 덧없이, 개념 없이, 꿈 없이, 고통 없이 살아가려 하지 마십시오. 우리는 삶에 대한 설계도, 곧 삶에 대한 꿈을 가져야 합니다.

사람이 가난해서 힘든 것도 있지만, 부잣집이 삼대쯤 가면 대부분 망나니가 되기 쉽다고 합니다. 고생을 모르기 때문입니다. 하지만 요셉을 보십시오. 10년 동안 노예생활, 감옥 생활을 했어도 풍년이 왔을 때 흥청망청하지 않았습니다. 오히려 7년 풍년을 잘 감당함으로 7년 대기근 또한 거뜬히 감당할 수 있었습니다. 저는 요셉에게 가장 부러운 것이 적응력입니다. 아버지에게 사랑받는 아이로 자랐음에도 어떤 상황에 처해지든지 맡겨진 일들을 잘 감당했습니다. 만일 요셉이 원망의 세월을 보내며 가슴에 한을 품고 살아갔다면 그의 얼굴은 결코 빼어나거나 아름답게 되지 못했을 것입니다. 그는 자신의 인생을 결코 그런 쪽에 허비하지 않았습니다.

요셉은 용모가 빼어나고 아름다웠더라(창 39:6).

인생의 골든타임을 놓치지 말라

우리가 당하는 모든 고통에는 하나님의 뜻이 있습니다. 하나님은 우리를 통해 영광 받기를 원하십니다. 우리는 하나님이 우리 안에 감추어 놓으신 비밀을 찾아 하나님이 우리를 통해 영광 받으시도록 해야 합니다. 그러기 위해 우리는 숭고한 꿈을 꾸고, 생생한 뜻을 정해야 합니다. 이렇게 살았던 사람이 다니엘이고, 요셉이고, 다윗이었습니다.

몇 해 전, 세계적으로 유명한 한 분을 만난 적이 있습니다. 7년간 온갖 고소와 고발을 당하며 죽음과도 같은 시간을 보낸 분이었습니다. 그분이 이런 말을 했습니다. "목사님, 제가 7년을 참았습니다. 온갖 고소, 고발을 당하고 죽을 것만 같은 7년의 세월을 버티고 나니 시간이 답이더라고요." 그러면서 하는 말이, 7년이 지나고 나니 사람들이 이제는 자기를 이해하더라는 것입니다. 자기의 진심을 알고 자기편이 되어 주더라는 것입니다. 이야기를 들으며 저는 이분의 '마음의 맷집'이 매우 좋다는 생각을 했습니다. 더불어 진심은 통한다는 것을 다시금 깨닫게 되었습니다.

'골든타임, 인생의 10년을 대비하고 대책을 세우라'는 말이 있습니다. 인생의 골든타임을 10년이라고 보는 것입니다. 사실 그렇습니다. 연세가 드신 어르신들은 10년만 건강하게 버티면 장수하는 것입니다. 중학교 1학년 학생이 10년을 참으면 중학교 3년, 고등학교 3년, 대학교 4년을 합해서 딱 10년입니다. 10년간 이를 악물고 하기 싫은 공부를 하다 보면 인생이 달라집니다. 저는 신앙의 골든타임도 10년이라고 봅니다. 10년만 하나님 앞에 엎드려 울고 기도하고 찬양해 보십시오. 세상 공부 10년으로 변화된 인생보다 더 놀라운 삶을 살아가게 될 것입니다.

어떤 사람은 10년이 지나면 자신의 직업이 없어진다고 합니다. 그 사람에게는 일할 수 있는 골든타임이 10년입니다. 이처럼 사람들에게는 각자 저마다의 골든타임이 있습니다. 당신에게 허락된 골든타임을 놓치지 마십시오. 남은 시간을 덧없이, 개념 없이, 쉽게 보내려고 하지 마십시오.

신앙생활에 쉽고 편한 길은 없다

사람에게 사고가 일어나거나 문제가 발생하는 데는 세 가지 이유가 있다고 생각합니다. 첫째는, 비용 절감입니다. 돈 한 푼 아끼려다가 '소탐대실'(小貪大失)하는 것입니다. 둘째는, 시간 단축입니다. 빨리 하려고 하다가 사고가 나는 것입니다. 셋째는, 편리함입니다. 남들보다 조금 쉽게, 수월하게 하려다가 사고가 나는 것입니다. 그런 것 때문에 큰 인생의 변화가 오는 것입니다.

신앙생활은 쉽게, 편리하게, 수월하게 하는 것이 아닙니다. 모든 고통에는 뜻이 있음을 깨달아, 뜻을 정하고 좁은 길로 가기를 힘써야 합니다. 일 때문에 피곤해서 죽는 경우는 없습니다. 일할 수 있을 때, 쓰임 받을 때 감사하는 성도가 되십시오.

다니엘이 뜻을 정하고 자기를 더럽히지 않기로 결단했을 때 형통이, 웰빙이, 축복이, 건강이, 출세가 저절로 따라왔던 것처럼, 우리도 거룩으로 나아가야 합니다. 이때 거룩의 뜻은 두 가지입니다. 하나는, 정결하고 깨끗하고 순수하다는 것입니다. 다른 하나는, 다르다는 것입니다. 모세가 바로의 공주의 아들이라 칭함 받기를 거절한 것처럼 말입니다.

사도 바울은 편하게 살아가려고 꿈꾸지 않았습니다. 그는 일부러 자신을 좁은 길로 몰아넣고 이러한 고백을 남겼습니다.

> 내가 궁핍하므로 말하는 것이 아니니라 어떠한 형편에든지 나는 자족하기를 배웠노니 나는 비천에 처할 줄도 알고 풍부에 처할 줄도 알아 모든 일 곧 배부름과 배고픔과 풍부와 궁핍에도 처할 줄 아는 일체의 비결을 배웠노라 내게 능력 주시는 자 안에서 내가 모든 것을 할 수 있느니라(빌 4:11-13).

이것은 고통당할 때, 고난당할 때, 가난할 때 버티는 능력을 말합니다. 그는 철저하게 자기를 관리하면서 영적인 근육을 키우고, 타인을 비판하는 데 인생을 허비하지 않았습니다.

다니엘은 자기 혼자만이 아니라 사드락, 메삭, 아벳느고라는 친구가 있었기에 대화가 가능한 사람, 말이 통하는 사람, 아름다운 동행이 가능한 조화로운 사람이 되었습니다. 오늘날 사람을 만나는 것이 얼마나 힘듭니까? 가족이든 친구든 동료든, 인간관계가 얼마나 어렵습니까? 다니엘은 '독불장군'(獨不將軍)이 아니라 '생사고락'(生死苦樂)을 같이하는 친구들이 있었으니 멋지지 않습니까?

우리도 다니엘처럼

다니엘은 그의 인생에 있어 하나님의 계획과 설계에 대해 순종하면서 살았습니다. 여기서 '순종'은 대부분 우울한 것입니다. 나라가 망하고, 성전이 불타고, 부모의 생존 여부가 불확실한 가운데 바벨론에 포로가 되어 끌려가는 절망적인 상황임에도 그는 하나님의 크고 놀라운 계획과 높은 뜻을 이루고자 하나님 앞에 순종했습니다.

다니엘의 인생 전반부에는 되는 것이 없었습니다. 이는 다윗이나 요셉도 마찬가지였습니다. 모든 것이 최악으로 치달았습니다. 그런데도 이들은 포기하거나 낙심하지 않았습니다. 열정은 그냥 뜨거운 것이 아니라, 포기하거나 지치지 않는 것입니다.

> 다니엘이 이 조서에 왕의 도장이 찍힌 것을 알고도 자기 집에 돌아가서는 윗방에 올라가 예루살렘으로 향한 창문을 열고 전에 하던 대로 하루 세 번씩 무릎을 꿇고 기도하며 그의 하나님께 감사하였더라(단 6:10).

다니엘은 어떤 상황에서도 예배에 집중하는 사람이었습니다. 예배드리고자 말씀과 기도에 초점을 맞추고 살아간 사람이 다니엘이라는 것입니다. 그렇게 주님을 찾으며 하나님 중심, 하나님 제일주의로 살았기에 하나님이 복을 주신 것입니다.

다니엘은 죽을 수도 있는 상황에서도 하나님에게 감사했습니다. 일단 감사, 평생 감사, 감사하고 들어간 것입니다. "하나님께 감사하였더라." 무슨 말입니까? 감사가 체질이 될 만큼 어떤 상황에서도 감사했다는 것입니다.

사람은 준비된 만큼 쓰임 받습니다. 훈련된 만큼 사역을 감당합니다. 건강, 학업, 사업, 신앙, 인격에 있어 10년을 작정하고 계획을 세우십시오. 그렇게 계획을 세우고 실천할 때, 언젠가 주님 앞에 서는 날 하나님 앞에서 놀라운 평가를 받게 될 것입니다.

> 잘하였도다 착하고 충성된 종아 네가 적은 일에 충성하였으매 내가 많은 것을 네게 맡기리니 네 주인의 즐거움에 참여할지어다(마 25:21).

틈만 나면 죄짓고 싶고, 틈만 나면 삐뚤어지는 것이 정상입니다. 죄에 대해 적극적인 것이 모든 사람의 본성이기 때문에 그렇습니다. 따라서 우리는 날마다 마음을 새롭게 해야 합니다.

다니엘은 삶에 대한 계획과 실천이 남다른 사람이었습니다. 우리가 신뢰와 인정을 받지 못하는 이유는, 구호만 앞서고 세부적인 복음의 실천 능력은 부족해 영향력이 약할 수밖에 없기 때문입니다. 다니엘을 보십시오. 그는 선명한 뜻을 정한 대로 음식 하나도 함부로 먹지 않고, 생명의 위협 앞에서도 기도 생활에 힘썼으며, 친구들과 아름다운 동행을 이루었습니다. 이러한 다니엘의 '계획과 실천과 평가'(계실평)는 하나님뿐 아니라 사람에게도 인정받는 계기가 되었습니다.

- 당신이 10년간 꾸준히 할 수 있는 신앙의 습관을 정해 봅시다. 그리고 10년 후에 변화되어 있을 자신의 모습을 상상해 봅시다.

신앙생활은

쉽게, 편리하게, 수월하게 하는 것이 아닙니다.

모든 고통에는 뜻이 있음을 깨달아,

뜻을 정하고 좁은 길로 가기를 힘써야 합니다.

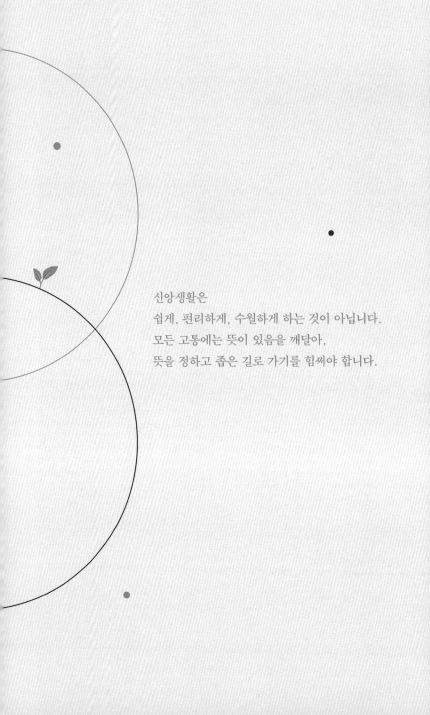

또 무리에게 이르시되 아무든지 나를 따라오려거든
자기를 부인하고 날마다 제 십자가를 지고
나를 따를 것이니라
(눅 9:23).

하나님과의 만남으로 인생을 완주한 사람들

믿음은 십자가로 완성된다

우리는 흔히 '인생에 정비공은 없다, 정답은 없다, 비법은 없다, 공짜는 없다'고 이야기합니다. 코로나 사태를 지나면서 이 모든 것이 한 번에 증명되었습니다. 우리는 어느 누구도 내일 일을 예측할 수 없습니다. 한마디로 케이스 바이 케이스(case by case)입니다. 다른 사람이 복 받았다고 해서 나도 복 받는 것이 아니고, 다른 사람이 저주 받았다고 해서 나도 저주 받는 것이 아닌 것처럼, 하나님이 '나'의 가는 길을 아시기에 '내가' 주님을 만나서 '내' 신앙 길을 '내가' 걸어가야 하는 것입니다. 자기 신앙은 자기가 챙겨야 한다는 것입니다.

신앙생활에 지름길이나 속성 코스는 없습니다. 공짜도 없습니다. 생각해 보십시오. 싸고 좋은 물건은 없습니다. 싼 게 비지떡입니다. 땀 흘림 없이는 성공이 없고,

눈물의 기도 없이는 응답이 없고, 십자가 없이는 영광도 없습니다.

그렇다면 정비공 없는 인생에서 우리는 어떻게 십자가를 지고 가야 할까요? 이 장에서는 아브라함과 그의 자손들, 다윗과 그의 후손들, 예수님과 제자들, 바울과 동역자들을 살펴보면서 믿음의 선배들이 어떻게 각자 하나님을 만나고 그분을 따라 십자가의 길을 걸어갔는지 살펴보려 합니다.

아브라함과 그의 자손들

우리가 믿음의 조상이라고 말하는 아브라함과 그 4대 족장들을 보면 꽃길을 걸어간 사람이 없습니다. 이들은 모두 넓고 평탄한 길이 아닌 십자가의 길, 좁은 길을 걸어갔습니다.

아브라함

아브라함이 누구입니까? 그는 조상 덕을 본 적이 없는 사람입니다. 금수저가 아니었다는 것입니다. 아브라함의 부모는 신통치 않았지만, 그는 부모를 원망하지 않고 복의 원천이 되라는 말씀 하나 붙들고 정들고 익숙한 고향을 떠나 평생을 나그네처럼 살았습니다. 조카하고 갈등이 생겼을 때도 조카에게 다 양보하고 하나님의 함께하심만을 붙잡았습니다. 하나님이 100세에 겨우 얻은 아들을 바치라고 하셨을 때도 그는 즉각적인 순종의 모습을 보였습니다. 이게 바로 아브라함의 스타일입니다.

그렇게 평생을 하나님 앞에 순종하고 믿음 하나로 살아간 아브라함에게 하나님은 놀라운 약속을 허락하셨습니다.

> 내가 네게 큰 복을 주고 네 씨가 크게 번성하여 하늘의 별과 같고 바닷가의 모래와 같게 하리니 네 씨가 그 대적의 성문을 차지하리라(창 22:17).

고든콘웰신학대학교 세계기독교연구센터에서 발표한 2022년 세계 기독교 현황에 따르면, 가톨릭을 포함한 전체 기독교 인구는 25억 5,900만 명이라고 합니다.

이삭

이삭은 누구입니까? 한마디로 번제단을 통과한 사람입니다. 번제란 짐승을 잡아 태워 드리는 제사를 말하는데,

번제단을 통과했다는 것은 사선을 넘었다는 말입니다. 아버지 아브라함은 할아버지고 이삭은 건장한 청소년입니다. 늙은 아버지를 확 떠밀어 버리고 도망갈 수 있는 나이였음에도 불구하고 그는 한마디 변명도, 원망도 하지 않았습니다. 그저 아버지가 하는 대로 죽기까지 순종했습니다. 훗날 우물을 다 빼앗겨도 원망하거나 다투지 않았습니다. 다툴 마음이 없었기 때문입니다. 빼앗길 때마다 자리를 옮기며 정처 없이 다닐 때에도 그는 쭉 한 우물을 팠습니다. 그렇게 이삭은 자신의 이름처럼 다른 사람들에게 '웃음'을 선사하며 살았습니다.

야곱

야곱은 누구입니까? 기질상 야곱은 욕심꾸러기입니다. 약간의 사기성이 있는 인격입니다. 하지만 그에게는 죽을 팔아서라도, 주님과 씨름을 해서라도 받고 싶었던 하나님의 축복에 대한 열망이 있었습니다. 물론 그가 복을 받았다고 해서 꽃길을 걸은 것은 아닙니다. 속고 속이는 가운데 20년 동안 처가살이를 하는 등 일평생 험악한 세월을 살았습니다.

요셉

요셉은 누구입니까? 꼬일 대로 꼬인 인생을 살았던 사람이 요셉입니다. 인생이 이보다 더 드라마틱할 수는 없습니다. 하지만 그는 어느 누구도 원망하지 않았습니다. 창세기 45장의 기록을 보십시오. 자신을 팔아넘긴 형들을 만났을 때 그는 이렇게 고백합니다.

> 당신들이 나를 이곳에 팔았다고 해서 근심하지 마소서 한탄하지 마소서 하나님이 생명을 구원하시려고 나를 당신들보다 먼저 보내셨나이다(창 45:5).

이스라엘의 4대 족장들을 보면 다들 요동치는 세월의 한복판에서 갈 바를 알지 못한 채 정답이 없는 현실을 살아가면서도 철저히 밀리고 쫓기고 기득권을 포기하신 예수님처럼 하늘 영광을 포기하고 좁은 길을 걸어갔음을 알 수 있습니다.

다윗과 그의 후손들

이제 다윗을 살펴보겠습니다. 하나님은 왜 사울 왕에게

서 왕권을 빼앗아 다윗에게 넘겨주셨을까요? 사울은 자기 마음대로 살았지만, 다윗은 하나님 마음에 맞는 사람이었기 때문입니다.

> 그 후에 그들이 왕을 구하거늘 하나님이 베냐민 지파 사람 기스의 아들 사울을 사십 년간 주셨다가 폐하시고 다윗을 왕으로 세우시고 증언하여 이르시되 내가 이새의 아들 다윗을 만나니 내 마음에 맞는 사람이라 내 뜻을 다 이루리라 하시더니 (행 13:21-22).

사울은 신접한 여자와 점쟁이를 찾는 등 세상의 요행을 좇았습니다. 반면에 다윗은 하나님에게 기도하는 사람이었습니다. 사울 왕은 기도하지 않아서 망했지만, 다윗은 때를 얻든지 못 얻든지 기도함으로 하나님의 인정을 받았습니다. 사울은 온갖 기득권을 총동원해 다윗을 죽이려고 덤볐지만, 다윗은 하나님을 기쁘시게 하기 위해 시편을 기록하고 악기를 연주하며 이스라엘의 노래 잘하는 사람이 되었습니다. 이 모든 것은 하나님의 영광을 위하는 일이었습니다. 하나님의 영광을 훼손한 골리앗을 물리치기 위해 담대히 나설 만큼 그는 하나님의 영광, 하나님의 이름에 민감한 사람이었습니다.

사울이 자기 권력을 지키려고 발버둥을 쳤다면, 다윗은 하나님에게 경배와 찬양을 드리는 데 일생을 쏟아 부었습니다. 아버지 집에 관심을 가지고 아버지 집을 짓기 위해 준비한 사람이 다윗입니다. 다윗의 일생에서 가장 중요한 초점은 예배에 집중하고 예배를 회복했다는 것입니다. "선교의 최종 목적은 하나님께 예배드리는 것이다"라는 글을 읽은 적이 있습니다. 선교지에 가서 사람을 모으거나 그곳에 빌딩을 짓는 게 선교의 목표가 아니고, 그 이방 땅에서 하나님에게 예배를 드리는 것이 선교의 마지막 목표라는 것입니다. 다윗은 그렇게 예배에 집중한 사람이었습니다.

사울은 가정교육에 실패했지만 다윗은 신앙 교육에 성공한 사람이었습니다. 다윗의 후손인 왕들의 역사를 보면 대체적인 흐름이 있습니다. 다윗과 같이 여호와의 길을 따라 성전을 청결하게 하고, 율법 책을 찾아서 읽고, 산당 및 우상 숭배를 제거하고, 회개 운동을 일으켜 백성을 성결하게 만든 왕들은 다 하나님에게 복을 받았습니다. 반면에 다윗과 달리 여호와의 길을 떠난 왕들은 하나님에게 징계를 받았습니다. 다윗은 이렇게 복과 징계를 가르는 왕의 표준이 되었습니다.

예수님과 제자들

이제 예수님과 열두 제자를 살펴보겠습니다. 먼저 예수님이 열두 제자를 선발하실 때의 기준을 보면, 예수님은 제자들을 세상적인 기준이나 스펙, 또는 외모를 가지고 선발하지 않으셨음을 알 수 있습니다. 예수님은 오히려 부족한 사람들을 불러 당신의 제자로 삼으셨습니다. 왜 그러셨을까요? 예수님은 '사랑의 본체'이시기 때문에, 어떤 사람을 만나도 그를 주님의 사랑으로 변화시켜 당신의 제자로 만드실 수 있기 때문입니다.

사랑은 조건 반응이 아닙니다. 하나님은 우리를 일방적으로, 주권적으로, 주도적으로, 무조건 사랑하십니다. 하나님의 은사와 부르심에는 후회하심이 없기 때문에, 제자들이 아무리 신통치 않아도 선수 교체란 없습니다. 오히려 예수님은 제자들을 판단하지도 않고, 원망하지도 않고, 포기하지도 않고, 속단하지도 않고, 멸시하지도 않고, 미워하지도 않으셨습니다.

예수님의 제자 훈련의 완결은 십자가에서 이루어졌습니다. 예수님이 3년 동안을 그렇게 가르치며 함께하셨지만, 예수님이 십자가에 달려 돌아가실 무렵에는 제자들이 거의 다 도망을 갔습니다. 예수님을 배반하고 떠났습니다. 그런데 예수님이 당신의 몸을 십자가에 던져 죽임을 당하고 모든 피를 쏟아 제자들을 사랑해 주셨을 때 제자들이 서서히 변화되는 것을 보게 됩니다. 그렇게 그들도 자기를 버리고, 자기 십자가를 지고, 주의 발자취를 따라 순교자들이 되는 것입니다. 그래서 정비공 없는 인생의 길은 십자가밖에 없는 것입니다.

바울과 그의 동역자들

마지막으로 사도 바울에 대해서 살펴보겠습니다. 먼저 그의 고백을 보십시오.

> 나는 날마다 죽노라(고전 15:31).

> 그러나 내게는 우리 주 예수 그리스도의 십자가 외에 결코 자랑할 것이 없으니(갈 6:14).

> 바울이 대답하되 여러분이 어찌하여 울어 내 마음을 상하게 하느냐 나는 주 예수의 이름을 위하여 결박당할 뿐 아니라 예루살렘에서 죽을 것도 각오하였노라 하니(행 21:13).

우리는 우리가 원할 때 여행을 하거나 길을 나섭니다. 하지만 사도 바울은 한 번도 자신의 뜻대로 움직인 적이 없습니다. 하나님이 길을 열어 주실 때까지 기도하며 기다린 사람이 바로 바울입니다. 그게 바울의 스타일이었습니다.

환난과 박해가 기다려도 성령님이 이끄시면 간다는 것이 바울의 고백입니다. 그는 자기 표류를 따라 움직이지 않고 기도와 말씀을 통해 계속해서 하나님의 뜻을 구했습니다. 우리의 일생도 이러해야 합니다. 날마다 '나는 죽고 예수는 살고'의 과정을 반복해야 합니다. 정답이 없는 인생이라고 정답을 찾아서 이 사람 저 사람 기웃거릴 필요가 없습니다. 주님만 바라보고 나아가면 그 길에서 답을 발견하게 됩니다. 우리는 날마다 '나는 죽고 예수로 사는 사람'이 되어야 합니다.

코로나가 발생했던 그해에 한 선교사님으로부터 메일을 받았습니다. 코로나 사태가 장기화되면서 섬기는 지역의 모든 시설이 폐쇄 조치되고, 사람들에게는 통행금지 명령이 떨어졌다고 합니다. 또한 의료 체계가 무너져, 코로나에 걸릴 경우 치료할 만한 의료 시스템이 없다고 합니다. 하늘 길도 다 끊겨 향후 1, 2년 동안은 비행기에 대한 예측을 할 수가 없었습니다. 그 무렵 대한항공

에서 대사관과 협조해 그 어려운 나라에 특별 전세기를 띄운다며, 한국으로 갈 것인지, 남을 것인지를 묻기 위해 대사관 측에서 선교사님에게 연락을 해 왔다고 합니다.

선교사님은 걱정이 태산 같았습니다. 선교사님이 들어오고 나면 선교지에 남겨진 고아들을 돌볼 사람이 없었기 때문입니다. 향후 몇 달, 몇 년은 갈 수도, 올 수도 없는 상황인데 그 아이들은 누가 돌보냐는 것입니다. 귀국을 하자니 남겨진 아이들이 걱정되고, 그렇다고 남아 있자니 너무 무섭다는 것입니다. 선교사님은 수일을 고민하다가 "목사님, 저는 여기에 남겠습니다. 코로나에 안 걸리도록 기도나 세게 해 주세요" 하고 결론을 내렸습니다.

많은 선교사님들이 이렇게 살아가고 있습니다. 자신의 건강 걱정보다도 선교지의 어린 양 떼들을 먼저 걱정하는 그 마음이 선한 목자 되신 주님의 마음입니다. 하나님이 세상을 이처럼 사랑하사 독생자를 주실 때, 예수님은 하늘 영광을 다 포기하고 낮고 천한 사람의 몸을 입고 이 땅에 성육신해 오셨습니다. 대접받고 칭찬받는 길이 아니라 주의 길을, 영원 밖의 십자가의 길을 끝까지 걸어가셨습니다.

대구 동산의료원 언덕에 위치한 은혜 정원에는 열네

개의 조그마한 십자가가 있습니다. 100여 년 전에 대구에 와서 선교하다가 어떤 아이는 태어난 그날 죽고, 어떤 아이는 14일 만에 죽고, 어떤 사람은 대구로 신혼여행 와서 경상도 지역을 중심으로 전도하다가 콜레라에 걸려서 죽었습니다. 그들의 무덤이 있는 그곳이 대구의 성지가 되고, 대구 복음화의 진원지가 되고, 그곳에 최초의 교육 기관, 최초의 교회들이 만들어지면서 오늘 그 땅에 많은 복음화가 이루어졌습니다. 이렇게 한 사람이 희생하고 피를 흘리고 죽어 갈 때, 그곳에 교회와 학교와 병원이 세워진 것이 선교 역사입니다. 가성비를 따지는 야박한 세상에서 주님이 가신 그 길을 따라 주님처럼 하나의 밀알로 썩어진 앞서간 믿음의 선배들의 헌신과 희생으로 인해 우리가 구원을 받은 것입니다.

성도는 자기를 부인해야 합니다. '나는 아닙니다. 그러나 하나님은 모든 것을 하실 수 있습니다. 나는 아무것도 할 수 없는 죄인이지만, 우리 주님은 모든 것을 할 수 있는 분이십니다.' 또한 성도는 자기 십자가를 지고 가야 합니다. 다른 사람에게 십자가를 떠넘기지 마십시오. 내 몫의 십자가는 내가 지어야 합니다.

우리는 살아가면서 어떨 때는 사람이 좋아서 죽고, 어

떨 때는 인간이 미워서 죽습니다. 하지만 이는 다 부질없는 짓입니다. 우리는 주를 바라보고, 주를 따라가고, 예수 그리스도로 말미암아 사는 인생이 되어야 합니다. 나는 죽고 예수로 사는 인생을 살지 못하면 맨날 상처받고 상처 주는 피곤한 인생이 되고 맙니다.

지금은 서글프지만, 지금은 답답하고 답이 없는 현실을 살아가고 있지만, 우리는 주의 길을 가는 사람들입니다. 우리에게는 주님이 계십니다. 승리하신 주님이 계십니다. 그분을 따라가면 후회할 일이 없을 것입니다.

이 혼란한 세상, 코로나 한복판을 지나면서 다시금 자기를 부인하고, 자기 십자가를 짊어지고 주를 따라가는 발걸음이 흔들리지 않도록 약할 때마다, 힘들 때마다 성령으로 기름 부어 달라고, 감당하게 해 달라고 부르짖는 그리스도인이 되십시오.

- 당신의 십자가는 무엇입니까? 하나님은 왜 그 십자가를 당신에게 허락하셨다고 생각합니까? 십자가의 무게가 감당할 수 없을 만큼 무겁게 느껴질 때, 당신은 가장 먼저 무엇을 찾고 의지합니까?

사랑은 조건 반응이 아닙니다.
하나님은 우리를 일방적으로,
주권적으로, 주도적으로,
무조건 사랑하십니다.